# 明代抗倭遗址建筑的文化设计活化研究

赵　军　著

上海交通大学出版社
SHANGHAI JIAO TONG UNIVERSITY PRESS

## 内容提要

本书以明代抗倭遗址建筑的文化设计活化为主要研究内容，以建筑艺术为脉络，扩展至英雄形象、器物形态、书法典籍等众多领域，以设计符号学、设计艺术学、统计学等学科理论为研究基础，挖掘与抗倭有关的文化艺术元素并加以保护利用，发展当地的文化创意产业，提高抗倭地区的旅游文化创意产品设计竞争力，促进和提升旅游业发展，以达到弘扬中华优秀传统文化和民族精神的研究目的。

**图书在版编目（CIP）数据**

明代抗倭遗址建筑的文化设计活化研究 / 赵军著 .-- 上海 : 上海交通大学出版社，2024.6

ISBN 978-7-313-28187-6

I. ①明 .. Ⅱ . ①赵 .. Ⅲ . ①抗倭斗争—文化遗址建筑设计—研究—浙江—明代 I. ① K878.304

中国国家版本馆 CIP 数据核字 (2023) 第 249815 号

**明代抗倭遗址建筑的文化设计活化研究**

MINGDAI KANGWO YIZHI JIANZHUDE WENHUA SHEJI HUOHUA YANJIU

**著　　者**：赵　军
**地　　址**：上海市番禺路 951 号
**出版发行**：上海交通大学出版社
**电　　话**：021-6407 1208
**邮政编码**：200030
**印　　制**：武汉乐生印刷有限公司
**经　　销**：全国新华书店
**开　　本**：170mm × 240mm　1/16
**印　　张**：10
**字　　数**：163 千字
**版　　次**：2024 年 6 月第 1 版
**印　　次**：2024 年 6 月第 1 次印刷
**书　　号**：ISBN 978-7-313-28187-6
**定　　价**：78.00 元

# 序

文化是人的一种高层次的精神需求，是体现人类精神层面丰富性的重要标志。按照著名心理学家马斯洛的需求层次理论，人在满足生理需求、安全需求等低级层次需求后，会逐步向社交需求、尊重需求、自我实现需求等高层次的精神需求展开追求。文化是一代人制造的产物并被传播给下一代或以后很多代，文化的作用就是让人从心理到情感、从精神到灵魂的跨越，它实现了古代与现代、古人与今人的交流，让人类社会真正从野蛮的原始部落生活走向丰富、文明的社会群体生活，让人获得更加长远和更加持久的生存能力。文化的发展是缓慢的且是慢慢积累的，每一个时代都会有代表性的文化形制产物，而这些物质化的形制产物也蕴含着当时人类生活的精神内容，从远古的石器到青铜器，再到后来的瓷器、丝绸、金银器甚至拓展到建筑、园林、家具，每一种造物都是一个时代进步后的文化产物。文化的产物也是艺术的，反之亦然，用造物艺术展现文化，用文化开辟造物发展的新空间，成为人类社会发展进步的必然过程。

随着物质生活水平的提高，人们对于精神的追求愈加强烈，旅游已成为一种放松身心、减轻压力的有效方式。在旅途中，一件件体现地域特色或传统文化的文创产品吸引着众多的旅行者，例如敦煌飞天系列的手机壳、丝织品，西安兵马俑玩偶或者挂件，设计成魔术发带和首饰的故宫文创……这些颜值与内涵兼具的文创产品备受旅行者的青睐，捎带几件文创产品已成为旅游中的“必选动作”。由此可见，发展文化创意设计是丰富和提升旅游产业的主要途径，也是保护传统文化遗迹的重要方式。以创意设计产业推动服务产业与实体经济深度融合，促进经济形成全方位、深层次、宽领域融合的良好发展格局。

中华传统文化博大精深，在我们的日常生活中，文化理念已逐渐渗透到社会的各个方面，文化创意设计依靠设计师的智慧和技艺让文化积累重塑商品。文化创意产业涵盖范围广泛，文创产品的形式也多姿多样，琳琅满目的文创产品追求的不仅是造型和美感，更多的是对文化的传承和颂扬，对祖先智慧的赞美与崇敬。在文创设计中，设计师通过自己对文化的认知用文化故事的能量来包装产品，焕发产品的魅力，并让消费者了解文化，被文化感动。一些具有明显地域或属地性质的文化创意产品，如与博物馆、艺术文化馆、名人纪念馆、风景名胜区等合作开发的产品，其设计的价值在于通过创造力创造出超越商品本身价值的艺术品质和文化精神，让这些品质和精神依托一种媒介而得到更广泛的传播。

本书以抗倭遗存建筑为纽带，通过对遗址建筑的了解和分析，围绕抗倭遗址文化和艺术研究来发掘抗倭斗争中遗存下来的传统建筑、人文风俗、历史文化、书法典籍等蕴含的文化艺术元素，以建筑为中心辐射与建筑的存在息息相关的传统器物、抗倭武器、英雄人物、书法绘画、抗倭故事等方面，并通过文化创意设计再重新塑造它们的形象，让它们焕发新的生命力，赋予这些文化和艺术符号新的感召力，让抗倭的历史文化和英雄事迹再次被颂扬。

我们也希望，借助我们的研究能促进一些隐匿于民间的抗倭遗迹的维护与开发，让这些几百年的抗倭建筑得到保护和重视，同时用文化创意设计带动这些地方的文化旅游业发展，以这种形式促进城镇及乡村振兴，进而带动周边实现共同富裕。

# 前言

随着经济的快速发展和社会物质生活水平的不断提高，人们对精神的向往已然高于对物质的追求，文化旅游业的崛起为快节奏的工作生活增添了不少乐趣，缓解了紧张的工作和生活压力。在旅游业的设计开发中，很多具有历史文化价值的古建筑、古遗迹具有极高的传承和保护价值，有许多已被开发并对外开放，还有很多古旧建筑散落于乡野或城市一角，等待着我们的发掘和保护。

抗倭战争是中国历史上第一次大规模反对外敌从海上入侵的战争，战争持续时间长，破坏面广，影响力大，其中涌现的抗倭英雄、经典战役等谱写了一首首保家卫国、抵御外族侵略的英雄赞歌，抗倭的胜利大大增强了国人对抗击侵略的信心以及斗志，对后世的影响深远。在浙闽地区，散布着许多明代以来的抗倭建筑遗址，这些抗倭建筑以浙江、福建沿海居多，并一直延伸至北方长城一带，绵延18000余公里，历经六百余年，虽已沧桑，但其独特的建筑形制和内涵丰富的历史文化价值，值得我们去开发和保护。它们不仅是我们国家重要的文物和文旅资源，更是一种历史文化。这些建筑遗址早已不是单纯的古迹这么简单，可以发展为一种古城文化，作为一个历史或地域的精神文化标记，它们让我们重现几百年前那些可歌可泣的战争场面，更多的是可以作为爱国主义教育基地，充满了丰富的民族团结精神以及爱国主义精神。

抗倭建筑遗址的保护开发具有很高的历史科研价值、艺术审美价值和社会经济价值。通过对这些建筑遗址的开发改造，一方面促进当地文化和旅游业发展；另一方面对进一步加强农村基础设施建设，不断改善村民生活质量，全面发展农村各项社会事业非常有帮助，也是实现国家乡村振兴、共同富裕的有力支撑。但从当前的调查发现，除少数抗倭建筑遗址被开发保护外，大部分处于未开发状态，即便是已经被开发的蒲壮所城、永昌堡等古迹，其开发程度依然不够，吸引的人群不多，大多处于冷冷清清的状态，开发保护迫在眉睫。

本书依托浙江工业职业技术学院“专业学科一体化建设”科研项目“明代抗倭遗存文化艺术挖掘与设计活化”的成果撰写而成。本书以明代抗倭遗址建筑的文化设计活化为主要研究内容，以建筑艺术为脉络，扩展至英雄形象、器物形态、书法典籍等众多领域，以设计符号学、设计艺术学、统计学等学科理论为研究基础，挖掘与抗倭有关的文化艺术元素并加以保护利用，发展当地的文化创意产业，提高抗倭地区的旅游文化创意产品设计竞争力，促进和提升旅游业发展，以达到弘扬中华优秀传统文化和民族精神的研究目的。

# 目录

## 第四章　遗址建筑的文化设计策略



## 第五章　抗倭遗址建筑的文化设计活化示例

# 第一章 抗倭遗存文化艺术

## 一、明朝倭患的由来

倭寇，是对13世纪到16世纪左右侵略朝鲜、中国沿海各地和南洋的日本海盗集团的泛称，除沿海劫掠外主要从事中日走私贸易，因中国古籍称日本为倭国，故称倭寇。

倭患始于明朝初建之时。元朝末年，日本的后宇多天皇逝世，作为次子的尊治，原本是没有希望继承皇位的，但在其哥哥后二条天皇英年早逝、其子邦良亲王当时还是个幼童的情况下继承皇位，是为后醍醐天皇。1335年，崇尚武士政权的足利尊氏率军攻陷京都，迫使后醍醐天皇退位，并扶立属于持明院统的光明天皇即位，同时创建室町幕府，成为实际掌权者。退位的后醍醐天皇不甘失败，逃出京都后，在大和国的吉野另立朝廷，与镰仓幕府控制下的京都朝廷对峙，此时正是朱元璋刚刚建立明朝之时，日本正式进入封建割据的南北朝时期。

南北朝时期的日本朝局非常动荡，除了南、北两个朝廷，还有许多其他的割据势力，他们之间战争不断，相互掠夺财富，一些权贵势力（特别是战败者）还常常与海盗勾结，通过掳掠明朝的中国沿海地区进行财富积累，试图东山再起，从而形成了元末明初的倭寇之患，北起河北、山东，南至福建，到处烧杀抢掠，朱元璋即位后多次派遣使者到日本，试图恢复关系、消除倭患，但效果不佳，倭寇之患甚至更为繁复。洪武二十五年（1392年），日本的北朝统一日本，南朝的没落武士、失意政客流落海岛，他们积聚了一股不小的力量，联合之前的海盗不时侵扰当时中国的东部沿海，倭患日渐炽盛，但这一时期倭寇只是对少数地区进犯，多在海上，并未形成规模。

至明朝嘉靖年间，随着东南沿海一带商品经济的进一步发展，明朝的对外贸易相当发达。但此时的明朝停止对日勘合贸易，实施严厉海禁，禁止民间与海外的贸易交往，中国沿海原靠海上贸易为生的小商小贩和手工业者为了牟取暴利，不顾朝廷的海禁命令，铤而走险。有的甚至直接在海运贸易中对抗朝廷，甚至索性假扮成倭寇，对抗缉私人员，开始进行大规模海上贸易，并拥有武装。其实，从根源上讲，倭寇横行的本质就是为了敛财的贸易走私行为。这一阶段的最大特点是西番、倭寇和中国明朝的“民间海盗集团”同流合污，日本人都是一些因在国内战争失意的散兵游勇。但此时的明政府腐败无能，军备不修，军纪败坏、武备废弛，唐顺之在《唐顺之集 下》中描述道：“国初防海规画至为精密，百年以来，海烽久息，人情怠弛，因而隳废。国初海岛便近去处，皆设水寨，以据险伺敌，后来将士惮于过海，水寨之名虽在，而皆至海岛移置海岸。闻老将言，双屿、烈港、峿屿诸岛，近时海贼据以为巢者，皆是国初水寨故处。”可见明初的军事要塞因久疏管理，多为倭寇占据为老巢，从而让倭患愈演愈烈。当时，明朝军队的粮食储备和武器装备都难以充足供应，战船年久失修，多不能投入战斗使用，在这样的情况下，明朝廷对倭患束手无策，使之倭患猖獗之势达到顶峰，给沿海的居民造成了极大的伤害和困扰。

抗倭斗争延续了近200年，当时我国的沿海民众深受其害，为了避免给明朝的发展造成过多的损失，在朝廷的带领下明军展开了长期的抗倭斗争。明朝军民都在不断地创新着抗倭御敌建筑、武器等来抗击倭寇，谱写了一首首可歌可泣的赞歌，而那些经历过硝烟的建筑至今仍有许多高高矗立着，那些专制的武器成为经典，还有那些英雄的形象和故事至今仍在民间流传。

## 二、抗倭遗存文化艺术简介

明代抗倭斗争从浙江、福建等沿海一直延伸到北方长城一带（甚至达到朝鲜半岛），时间漫长，遗存的一些抗倭建筑遗址、器物、英雄故事、文化典籍等涉及面广、涉及区域多，但尤其以浙江、福建居多。以建筑为例，为了取得抗倭斗争的胜利，在戚继光、俞大猷、谭纶等一批抗倭名将的带领下，抗倭将士联合沿海民众共同建造了很多典型的海防建筑，也留下了很多改造的古迹遗址，在浙江境内，像号称“江南八达岭”的台州府城墙，有“浙东门户”之称的宁波招宝山，宁波象山石浦古城遗址，保存较为完好的桃渚城、温州苍南的蒲壮所城等，都是当时明朝抗倭的重要海防要塞。

无论是建筑遗址、器物文化，还是英雄故事、书法典籍，每一个都是遗存于中华大地上的璀璨艺术，都值得我们学习和借鉴。我们从统计学的角度对其进行梳理，形成一项项线性文化艺术遗产，而这些大型线性文化艺术遗产保护和利用所涉及的问题较多，也很复杂。

首先，对浙江、福建等沿海区域的抗倭遗存艺术进行挖掘，通过文献研究、资料梳理了解抗倭历史和文化艺术研究现状。

其次，通过考古调查、实地勘察和文献研究，重点对各地抗倭英雄纪念馆以及蒲壮所城、龙湾永昌堡、临海古城、海门卫城、舟山抗倭遗迹等抗倭建筑遗存古迹进行走访、勘察，了解该类遗产文化艺术本体的生存状况，以遗存建筑为轴心，借助统计学、设计符号学等方法进行整理、分类和归纳，挖掘其历史价值、文化价值和艺术价值，同时将研究扩大至这些建筑遗址中保存的遗留器物、书法文书、故事传说等。

抗倭文化主要集中在沿海一带，于中华儿女的抗倭斗争中诞生，并以纪念戚继光、俞大猷、胡宗宪、张经等抗倭将士和牺牲的广大人民为中心，形成沿海一带各地区较有特色的文化体系。抗倭文化的核心在于爱国家、爱家乡和爱人民，抗倭资源极其丰富，但大部分仅局限于建筑的保护和修缮等方面，形式单一、开发程度肤浅，文旅业开发的配套设施也不够健全。在沿海一带，有很多民间风俗也来源于抗倭斗争，当地居民为了纪念一些惨烈的战争场面或缅怀英雄形成了各地的传统舞蹈、武术表演、体育团操等文化风俗，例如福清新厝镇的“作鼓舞”就被列入福建省第二批省级非物质文化遗产名录。可见抗倭文化艺术丰富，亟须现代人去挖掘、发扬和传承它们。

## 三、抗倭遗存文化艺术的种类

通过对浙江、福建等东南沿海区域的抗倭文化遗存情况进行全面普查，摸清具体存在形式。其一，争取将更多艺术遗存纳入国家级或省级文化遗产保护战略；其二，挖掘内含的有价值的艺术元素，为传承传统文化，弘扬民族精神，发展与之相应的旅游业和文创设计业服务。根据文化艺术展现形式分为以下类别。

### 1. 遗存建筑艺术

建筑是人类生活的必要场所，中国历史文化几千年，遗留了大量的古建筑文化。在古建筑内，那些宏大的建筑形态、巧妙的建筑结构、精美的建筑纹饰，还有建筑周边的石雕、木雕等，都是具有极高研究价值的文化艺术。为取得抗倭战争的胜利，当时建造了各种城防、海防前哨、卫所牌楼等抗倭城防建筑，包括城防内的各种城墙、寨门、纪念祠、庙宇、名人故居等，与建筑搭配的亭、台、楼、阁以及建筑上的石雕、木雕、屋脊兽等，蕴含着丰富的历史人文价值和文化艺术价值，很多已经开发为旅游景点和爱国主义教育基地。挖掘这些建筑内含的艺术元素，一方面可以为修复建筑古迹提供参考；另一方面传承传统建筑艺术的精髓，为现代建筑设计、环境艺术设计提供参考。建筑上的艺术元素都是显性的，有些保存较好，有些已经破败不堪甚至隐匿于城市一角不容易发掘，但总体来说，相较于其他艺术元素更容易统计和归纳（见图1-1）。

**图 1-1 宁波石浦古城门楼和温州永昌堡抗倭城堡遗址建筑**

2. 器物形态艺术

很多建筑古迹内设有展览馆，展示一些古人的器物或者使用过的其他物品，辅助提升建筑的宣传和教育作用，抗倭建筑也不例外。为了适应不同抗倭战争环境，明代抗倭军队创造了大量专用武器和器具，例如狼筅、燕尾牌、牛皮盔、泥艋马（船）、藤牌、战刀、鸟铳等，还有大量遗存的明代生活器物，凝聚了很多中华民族的智慧。根据形态学原理，分析这些遗存器物的形态构成形式——自然形态、人造形态、纯粹形态（抽象形态），从符号学角度挖掘其造型艺术的形态语义，便于我们在文化旅游开发中提升文化设计的层次和高级感，更好地开发和利用这些抗倭遗迹（见图1-2）。

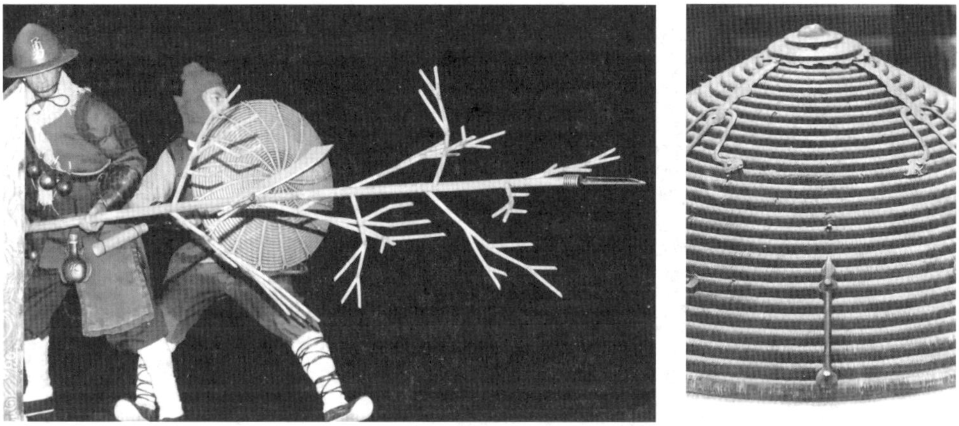

图 1-2 特有的抗倭武器：狼筅和藤牌

3. 文字符号艺术

文字符号艺术包含的形式也很多，书法、绘画、书籍、诗词典籍、碑刻等，这些都是文化传播的主要有形途径。明代抗倭斗争遗存下来的书法、文书、碑帖等众多，例如戚继光既是军事家又是书法家、诗人，这些经典的文字符号具有很高的传承价值和意义，蕴含着极深的民族情怀，利用符号学原理将其整理归纳并加以提取，运用到文化旅游产品创意设计中，也是一种极好的文化展现和传承方式。

4. 抗倭人物形象艺术

名人的故居、纪念馆往往都会有相应的石雕和雕像，以为后人缅怀和纪念之用。像戚继光、俞大猷、胡宗宪等一代抗倭名将，其英雄故事广为流传，很多地方建有纪念馆、纪念碑等，挖掘这些英雄形象的人像符号，形成特色的或统一的人物艺术形象并进行传播推广，可以提升当地的文旅水平（见图1-3）。

5. 其他文化艺术

抗倭斗争延续了近200年，很多地方为了纪念一些知名的抗倭战役或缅怀英雄，自发形成了有地域特色的民风民俗活动，例如舟山地区的八月十六过中秋、舟山船拳文化；又如福建平潭的藤牌操等遗留体育文化，其中蕴含的一些运动形象、人物形象艺术、道具的图形艺术等，具有极高的研究价值（见图1-4）。

图 1-3 矗立于石浦古城的抗倭英雄戚继光雕塑和戚继光书法

图 1-4 省级非物质文化遗产：平潭藤牌操

## 四、抗倭遗存文化艺术研究的价值

抗倭斗争是中国近代史上极具代表性的一场中华民族抵御外敌的战争，对世界历史发展也产生了重要的影响。明代倭患始自洪武朝，嘉靖年间达到顶峰，东南沿海各省深受其害，民不聊生，加上明军武备废弛，不习兵革，卫所制度在明朝中后期渐渐失去作用，面对倭寇多变的阵法和锋利无比的倭刀，明军在抗倭战争的前期屡屡失败、将士伤亡惨重。后期随着戚继光、俞大猷等一批抗倭名将严整军制、改变战法、创制新式武器等一系列措施，终于取得了抗倭战争的最终胜利。

明代抗倭斗争本身就是一个极具象征意义的中华民族文化符号，一些经典的抗倭斗争故事和英雄事迹至今在浙江、福建等东南沿海一带广泛流传，很多地区也建造了抗倭纪念馆来纪念和传承。其中，一些抗倭斗争遗存下来的民谣、专制武器、器物、建筑艺术等都属于研究价值极高的民族遗留文化，承载了悠久文化的历史事迹和传统文化艺术符号，也具有很高的设计再用和活化价值。

在经济快速发展的今天，中国文化旅游业蓬勃发展，浙江台州、绍兴、温州、宁波、舟山甚至是福建、长城一带等都建立了与之相关的抗倭博物馆或英雄纪念馆，成为当地文化旅游业的重要组成部分，而抗倭文化的挖掘和活化对促进这些相关地区的旅游发展也具有很好的推动和提升作用；同时，文化创意产品是旅游消费品的重要组成部分，通过挖掘明代抗倭斗争的遗留文化艺术元素并在文创设计中加以活化，将具有传承意义的民族精神和传统文化附在文创产品设计中，让抗倭斗争中涌现出的保家卫国的爱国情怀和敢于奉献的拼搏精神通过一种设计媒介得以继承和发扬。

## 五、抗倭遗存文化艺术研究的现状

1. 国内研究现状

国内学界在抗倭战争研究方面主要集中在历史学和军事学的角度，大部分以抗倭战争历史事件的还原和人物故事的追述为主要研究内容。抗倭战争作为中国古代较有代表性的抵御外敌侵犯的历史事件，除了历史和军事层面的研究价值，还具有很高的文化价值和艺术价值。国内也有少部分学者从建筑学、体育

（武术）、文学等研究角度进行研究，例如施丽辉[①]、张金玲[②]发表的《明代抗倭遗址的保护与旅游开发》，从学者的角度对抗倭古迹如何开发和保护进行研究和建策；苏州大学张宗豪的博士论文对“江南船拳文化”进行研究，从武术和体育文化传承的角度进行研究，其中研究涉及船拳的发展、文化传承、使用的道具器物等；昆明理工大学田田、赵杰的《桃渚古城文化价值分析》从文化层面、传承价值方面研究了抗倭古城等遗迹的价值，认为古城建筑构造形式符合天人合一的和谐审美思想。百色学院体育学院秦炜棋的《明代壮族狼兵抗倭克敌兵器及应用研究》重点对抗倭典型武器狼筅的发展演变和形态做了研究；特别是叶龙波的《城市滨江文化景观设计——右江十里景观长廊》研究对现代城市景观设计如何融入传统文化和艺术元素进行了阐述，首次提出在城市景观设计中融入“瓦氏夫人”等抗倭英雄故事元素。国内的这些研究从最初的历史还原到文化价值研究再到后来的历史遗存的点状保护与旅游开发结合，以及近年来出现的建筑艺术保护和开发、器物形态研究等的理论探索，这些都为抗倭斗争遗存文化艺术研究和活化奠定了一定的理论基础，对本文的研究思路和研究方法具有启迪意义。

2. 国外研究现状

国外针对抗倭战争的研究主要以日本学者居多，研究集中在倭寇发展历史、日本武士道、倭刀、武士形象及服饰等方面。近年来，一些学者利用现代放大技术从历史典籍的图卷中挖掘一些细微的问题，获得了很大的研究突破。东京大学保谷彻教授对《倭寇图卷》《太平抗倭图》《平番得胜图卷》等史料进行深入研究，加上对历史遗迹的实际考察，探讨这些文学典籍隐含的艺术表现、历史事实考证以及一些细微问题所涉及的其他领域，通过对《倭寇图卷》的研究，引起大家对中国绘画史和绘画艺术的再认识。另外，佐久间重男的《日明关系史研究》（吉川弘文馆，1992）、北岛万次的《丰臣政权的对外认识与朝鲜侵略》等从战争角度对抗倭战争进行了研究和阐述，研究主要还是集中在历史学、军事学角度。

国外一些设计研究者在20世纪50年代将现代符号学引入设计领域，将符号学理论应用到建筑设计、工业设计等方面，最终发展出设计符号学这一学科类型。意大利语言学家艾克卡斯维尼把建筑元素作为语言的词语进行研究；美国建

① 浙江省苍南县蒲壮所城文物保护管理所。
② 师范大学历史文化与旅游学院。

筑学家罗伯特·文丘里在《建筑的复杂性与矛盾性》中将建筑符号学中的意义视为后现代主义的精神存在；20世纪50年代马克思和汉斯等设计团队将产品作为符号设计，将产品的语义指示作为产品设计的第一步。以上国外学者在设计符号学方面的研究和设计实践为我们在传统文化艺术的活化方式上提供了指导方向，具有很高的参考价值。

# 第二章　抗倭遗址建筑及现状

## 一、抗倭遗址的区域分布性

由于倭寇由海上进犯，因此倭寇的侵扰主要分布在我国沿海一带，以浙江、福建最为严重，其次为江苏和广东及东北一带。在中国东部漫长的海岸线上，至今现存一些较为完整的抗倭遗址，有的已经被政府开发为知名景点，但还有很多散布于乡野，这些建筑遗址以浙江、福建最多，其独特的建筑形制和蕴含着丰富的民风民俗和历史文化内涵值得我们去发掘和传承，并被政府加以重视和保护（见表2-1）。

表 2-1　抗倭遗址的区域分布

| 省份 | 具体分布区域 | 现存的抗倭遗址 |
|---|---|---|
| 浙江 | 杭州 | 戍城遗址、坎山遗址、萧山古城墙、候潮门 |
| | 宁波 | 观海卫、临山卫、昌国卫、定海卫、招宝山抗倭遗址、大嵩古城遗址、龙山所古城、象山石浦古城 |
| | 温州 | 永昌堡、蒲壮所城、金乡卫城、磐石卫城、蒲岐古镇（城）、宁村所城、海安古城 |
| | 台州 | 台州府城墙（江南长城）、桃渚古城、椒江戚继光祠、白石关城墙、枫山钟亭 |
| | 绍兴 | 三江所城、绝倭涂、浪桥 |
| | 舟山 | 沥港平倭碑、岱山长涂倭井碑、双狮山烽火台遗址、普陀山“抗倭摩崖题记”、枸杞岛抗倭名将题字 |
| 福建 | 福州 | 抗倭名将张经墓、张经故居、三坊七巷、金山寺、福清戚继光抗倭遗迹、戚公祠、万安所城 |
| | 泉州 | 崇武古城、永宁古城 |
| | 漳州 | 六鳌古城、前坂古城、镇海卫古城、林墩古寨 |
| | 莆田 | 莆禧古城、九龙岩抗倭遗址 |
| | 晋江 | 福全古城 |

续表

| 省份 | 具体分布区域 | 现存的抗倭遗址 |
|---|---|---|
| 广东 | 阳江 | 双鱼古城 |
| | 饶平 | 大城所城 |
| | 云浮 | 陈璘军营遗址、龙崖陈公祠、陈璘史迹馆、露梁海战展示馆 |
| 其他区域 | 江苏苏州 | 铁铃关 |
| | 山东蓬莱 | 蓬莱水城 |
| | 河北 | 金山岭长城 |

注：本列表所列抗倭遗址仅列较有代表性以及知名度较高的遗址，并未包含所有的抗倭遗址。

明代的抗倭遗址建筑是沿海地区较为独特的景观，知名的有蓬莱水城、蒲壮所城、永昌堡、桃渚古城等。这些建筑遗址蕴含着丰富的历史科研价值、艺术审美价值和社会经济价值，以实物建筑形式呈现了明代人物的抗倭伟绩，涌现了一大批可歌可泣的英雄和赞歌。很多建筑和布局形式因用途相同，因此布局相似，建造艺术相近，具有一定的文化艺术统一性。当然，因地区和民风民俗不同，各地的建筑艺术和蕴含的文化氛围又有很大差异。接下来，我们以区域为纽带进行梳理和归纳，研究抗倭现存建筑遗址现状及内含的文化艺术价值。

## 二、浙江区域的抗倭遗址文化

### （一）杭州区域抗倭遗址

钱塘江是流经浙江省域内的最大河流，是宋代两浙路的命名来源，明初浙江省成立时的省名就源于此江。其北源叫新安江，流经杭州段叫钱塘江，经杭州湾注入东海。钱塘江倚仗其天险地位，自古为兵家必争之地。明代嘉靖年间，倭寇袭扰东南沿海，进犯萧山，萧山人民纷纷组织抵抗，至今留有多处遗址。

**戍城遗址**

戍城遗址位于杭州萧山南阳镇龙虎村，建于明朝时期，旧称“赭山巡检司城”，占地6000平方米左右。当地谣传为明朝海宁县尹施公所建，因此又叫“司城”“施城”。但据史料记载，为明朝胡大海为抗倭防地而建造，杭州卫戍古城现已损毁不在，仅存踏踩。

赭山巡检司的设置与职责：中国古代的巡检司制度，肇始于五代，盛于两宋，元明因袭之，最后裁撤于清。宋代，赭山设巡检司寨，为纯军事性质的驻军。元代至正（1341—1368年）时起，赭山设巡检司，明清两代亦然。

据史料考究，明朝初建之时，朱元璋把巡检司作为管理和维护基层社会的一种主要军事布局，期望能通过这种基本的军事单位设置达到维护民间安定的作用。明代在杭州府属海宁县设有赭山巡检司和石墩巡检司，当时赭山地方交通发达，为出海之门户，汛防之要害。

现在的赭山巡检司署古遗址已经被民居建筑所覆盖，所幸仍遗存有当时为巡检司官兵用水的赭山大井（现叫大井弄）。位于萧山钱塘江边白虎山麓的“赭山巡检司”戍城遗址亦有少量遗迹可循，在一些史料中也有相关记载可查。

**坎山遗址**

坎山遗址坎位于坎山西，曰鳖子门。明嘉靖三十四年（1555年）十一月，会稽典史吴成器部大破倭寇于坎山鳖子门，尽歼于坎山，徐渭参当谋划，战后作《龛山凯歌》等九首。另有俞大猷率部屡败倭寇于坎山、衙前一带，今仍有烽火口、营口、马蹄石、城隍殿、狮子口等地名。

目前，坎山遗址基本损毁不存，附近的坎山长街作为萧山境内最长的古街，是明清以来的古旧居民区，现已被列为历史文化街区。

**萧山古城墙**

萧山古城墙从明代开始建造，延续到清代都有修建。目前保留的萧山古城墙遗址还有白鸽山段城墙遗址、西山段城墙遗址等。据《萧山县志》等文献记载：“萧山城的城墙四面围起，与杭州城隔江相对，萧山城墙始建于明代嘉靖三十二年（1553年），为防御倭寇，萧山知县施尧臣奉命建筑。”清代对城墙进行多次修整、加固。

20世纪二三十年代民国时期，因修筑萧绍公路、杭江铁路，建设北干山苗圃和辟东门市场，北城墙和东、西两段的部分城墙相继拆除。抗日战争爆发后，萧山县政府组成拆城委员会，于1938年拆除其余各段城墙。但抗倭英雄戚继光纪念碑塔依然矗立，成为仅存的抗倭遗址。

### 候潮门

钱塘江从杭州穿城而过，以前的倭寇经常沿江进犯杭州地区，因此在杭州城中还散落着一些明代的抗倭建筑遗址，这些故事的发生之地，正是由杭州的一些标志性地标交织而成，比如候潮门、豆腐巷、六和塔等。

候潮门是杭州十大古城门之一，年代久远，历史上是一座水门，候潮门高大的城墙开了一个宽广的拱形门洞，城墙色彩灰色。据史料考究，候潮门是明朝锦衣卫开始正式反击倭寇的关键地点，出了城门便是波涛汹涌的钱塘江，该城门始建于五代吴越，原名竹车门，南宋时进行重新修筑，因城门濒临钱塘江，每日两次可以候潮，因此改为候潮门。民国时期被拆除，现存遗址仅为后人于故址处立碑志念。

## （二）宁波区域抗倭遗址

### 浙东四卫九所

宁波为浙东门户，战略地位特殊，故地有四卫：观海卫、临山卫、昌国卫和定海卫。这四座卫在明朝时期的抗倭战争中筑起了拱卫海疆的钢铁长城，当时的倭寇之患屡禁不止，不断袭扰我国沿海，尤以浙江、福建受侵扰最为严重，宁波作为抗倭第一线，这四个卫的地位尤其重要！

宁波境内现存遗址的卫、所有四卫九所，也就是建于明代的四个卫和九个所。它们均是出于海防抗倭急需而设置的，一般都建于明洪武十九年（1386年）起至明洪武三十一年（1398年）。这四卫九所不包括府城“宁波卫”和县城“余姚卫”等，也不包括一个卫城内分设的所。这四卫九所由南至北依次为昌国卫、石浦前后二所、爵溪所、钱仓所，定海卫（镇海）、大嵩所、郭巨所、穿山后所，观海卫、龙山所，临山卫、三山所。

卫所制度建立于明朝，是明朝的主要军事制度，由明太祖朱元璋创立，在全国的各军事要地设立军卫，以管辖和护卫重要的军事要地，卫所的军队也成为抗倭中的主要军事力量。卫大于所，一般是都指挥使司下辖若干个卫，卫下辖一定数量的千户所和百户所。

### 观海卫

观海卫有1200多年的建镇史和620多年的建卫史。观海卫位于浙江省宁波市慈溪市，居于宁波市区北部、杭州湾南岸。由于其海路交叉的独特地理位置，宋代就在这里设寨驻军，控扼海道。明代时期在此设卫，抗倭民族英雄戚继光带领部队在此地打过好几场精彩的保卫战，是宁波地区沿海四大名卫之一。

观海卫有大量的古时军备设施遗址，其中戚继光抗倭遗址最有名，在它山岭东山山顶还矗立着戚继光抗倭炮台遗址（遗址为后建，具有很好的爱国主义教育文化价值）（见图2-1）。

图 2-1 戚继光抗倭炮台遗址

在观海卫所辖区域内，现存比较完整的有鸣鹤古镇，是慈溪市唯一遗存的具有典型江南古镇风貌的古镇，古镇有抗倭义士杜文明、杜槐舍生取义，壮烈殉国，名垂青史，在抗日战争中也涌现了很多可歌可泣的英雄故事，古镇因此也成为著名的爱国主义教育基地。古镇的石板路、木板门诉说着古镇的沧桑和历史，当地政府也非常重视古镇的保护和传承，挖掘、再现其历史文化（见图2-2）。

另外，观海卫民间自古就有尚武之风，据说现今流传的左手棍、金锁拳、栲子拳三种武术就起源于戚继光的军营。在民间，还流传着许多英雄士兵以这三种武术对抗倭寇大显身手的传说，这些武术文化和英雄故事都可以为我们的文化设计提供很好的传承素材。

图 2-2　鸣鹤古镇的老街及建筑

## 临山卫

明代的临山是浙东沿海地区抗倭斗争的前沿，位于余姚境内临山镇。临山卫城是抗倭名将戚继光的指挥中心，也是戚家军的战斗堡垒所在，是浙东沿海四大名卫之一。临山卫城墙呈现不规则形，设东西南北四座城门（东启明门、西宝成门、南迎薰门、北凤鸣门），城内建筑街道布局呈十字形，各街道直通四个城门。原有的城内建筑主要有卫指挥署、城隍庙、关帝庙、张神殿、晏公店、三官殿（又名军尼庵）和福田寺，其中绝大部分古建筑已经损毁不存，仅有三官殿和福田寺存在，现为余姚市重点文物保护点。仍尚存的有西城墙两段、后建的南城门、戚少保祠、阮氏宗祠、邵家老宅、宣氏老宅、“麟山第一泉”摩崖石刻等，大都是余姚重点文物保护点。另外，城内老街的十字形街道布局仍保存完好（见图 2-3~图 2-4）。

图 2-3　南城门、三官殿

图 2-4　邵氏台门、周宅大门及雕刻纹饰

临山卫城老街里的古建筑大都是清代民居，毕竟明代历史久远，很多明代建筑多已损毁或拆除重建。像邵氏台门格局保存基本完整，雕饰丰富精美，具有极高的艺术价值；俞家旧宅其坐北朝南的主楼前檐设吊顶的做法罕见，雕刻精美、价值高；谢氏墙门的砖雕墙门图案十分丰富，荷叶纹、仙鹤、神鹿、喜鹊、双龙拱寿等，正中浮雕铜钱，寓意财源滚滚，都是极好的文化艺术元素；俞家中央墙门现存正厅和门厅，墀头有精致的佛教图案砖雕，檐廊穿枋上雕仙鹤云纹；俗称“小万年行”的戚宅格局基本完整，木雕石雕精美，为余姚地区典型的民居院落。类似的古宅还有很多，古宅建筑的格局、建筑的结构和雕饰都具有很高的研究价值。

### 昌国卫

昌国卫在宁波市象山县，原来属于昌国镇，后并入石浦镇，区域内有大量保存完好的古城建筑。

象山昌国卫外统石浦前后二所、爵溪所、钱仓所，指挥权的级别很高。历史上的昌国古城已不复存在，但古建筑遗址仍然随处可觅。西门街、卫前街、昌前街、北大街、左所庙、右所庙，这些地名都是之前的名称，并沿用至今。保存较为完好的古建筑如昌国卫大庙和右所庙，都是建于清晚期，为了纪念唐代掌管盐政的宰相刘晏而建，卫国大庙由正殿、厢房、山门和穿堂组成，山门外有两尊石狮镇守，山门门上刻有几组神灵画像，屋正顶（正脊）有双龙戏珠的屋脊石刻，正脊与垂脊交叉处也有龙形石刻，龙的形态呈盘旋姿态，在垂脊处有关羽握刀的石刻。另外，还有东关帝庙和南关帝庙，始建于明代，主要供奉三国名将关羽等，都属于昌国十大庙之一。在众多的古建筑中，历史最久的当数昌国庵堂，位于昌国卫城北门，它的山门面向昌国卫北城门，以取北迎瑞气之意，故取名“北瑞庵”。

### 定海卫

“六国来王处，平倭第一关”之定海卫，在今宁波市镇海区城关，目前在镇海口建有海防历史纪念馆，很多以往的海防历史都可以在此查到。洪武十四年（1381年）为防倭寇侵扰置定海千户所，洪武二十年（1387年）升为定海卫。宁波镇海的现存海防遗址有30余处，以定海卫城与宁波招宝山为区域轴心，形成约2平方千米范围的抗倭防御圈，重要遗址有威远城、月城、安远炮台、烽燧、明清碑刻以及后海塘遗址等。定海卫城墙又高又厚，环长有1288丈，共有6座城门，门外有瓮城，沿城墙建有敌楼10座。后在卫城东北的招宝山上筑威远城与卫城融为一体，共扼甬江海口。卫城之外的港口筑有靖海营堡，与卫城成犄角之势。

定海卫城内留下了大量与军事有关的建筑遗址，作为卫城城北巨障的后海塘始筑于唐乾宁四年（897年），后海塘遗址，镇海城区现存城塘合一的古迹。城门和城墙的夹层塘均用大块的石板条石构筑而成，结构坚固、气势宏伟，蜿蜒数千米。后海塘高大雄伟的城门与城楼是卫城的标志性建筑。城门外增设有瓮城以更好地抵御外侵。城外在纵横的江浦水道上设有数道水门水关（见图2-5）。

图 2-5　海塘城墙及损毁于 1956 年的南门及瓮城

### 招宝山抗倭遗址

宁波的招宝山抗倭遗址也非常多，该区域在明代是镇海海防的重要组成部分，也是兵家必争之地。它原属定海卫军事建造格局的一部分，因其是宁波地区集自然风光、人文景观、宗教文化于一体的综合性游览区，被誉为宁波“第一山”，因山上及周边遗存的抗倭遗址和古城较多，这里独立于定海卫进行单独分析和研究。

招宝山又名鳌柱山，鳌柱的由来是因为山巅原建有“插天鳌柱塔”，现在的鳌柱塔为在原址上返修重建的。鳌柱塔身净高57.6米，七层八角，青铜塔刹顶，是镇海的制高点。历史上的鳌柱塔是为宗教用途所建，它的目的是用于镇压东海上经常兴风作浪的“鳌”（见图2-6）。

图 2-6　鳌柱塔和安远炮台遗址

威远城古城墙位于宁波镇海招宝山巅，以招宝山自然形成的巍峨峭壁为城建基础，环山顶筑建，似雄狮盘踞东海门户，是保存较好的抗倭建筑遗址之一。威远城被列为全国重点文物保护单位镇海口海防遗址之一，现存遗址有威远城门、明清碑林、宝陀寺、安远炮台遗址等，其中安远炮台是用黄沙、凝土、石灰、砂砾拌以糯米饭汁混合捣砌而建，建造材料选用独特，当地人称它为“糯米饭炮台”，其建造工艺方面具有较高的研究价值（见图2-7）。

图 2-7　威远城门、城墙及石狮雕刻

另外，民间还流传着许多招宝山的动人传说和故事，据不完全统计有近百篇之多，有抗倭英雄俞大猷、戚继光等名将故事，也有士兵奋勇杀敌的美丽传说，展示出招宝山深厚的文化底蕴以及绵长的文化承袭，被后人传颂，都具有较高的文化挖掘价值。

### 大嵩古城遗址

大嵩古城遗址位于宁波市瞻岐镇东城村、西城村，建筑构造主要由城墙和方桥城门构成。目前该遗址是宁波鄞州区境内唯一的古城遗址。

大嵩古城墙建于明朝洪武十六年（1383年），选材上以不规则的粗石垒造，中间用夯土堆培，城墙围绕古城环筑，是典型的为防御倭寇侵扰而筑的军事设施。古城设有东、西、北三处城门，城门呈拱券形，门上有青石门额，城门分内门、外门二道（典型的明朝防御城门结构布局），由规整的长条石石板砌造，坚固结实。护城河绕城墙四周，易守难攻。但现在，城墙在自然和人为的破坏下基本已被拆毁，东城门仍有部分城建遗迹可循，且村北凤凰山亦残留一段几百米的城墙，但城墙顶部多处坍塌，并有缺口，急需得到重视、保护和修缮。

另外，大嵩古城遗址目前留存的建筑遗址还包括合岙烽火台、炮台岗烽火台、横山烽火台等六组七处遗址。遗址都分布在瞻岐、咸祥两镇附近的山顶，地形险要，与大嵩古城相互呼应，共同构成了一个完整严密的海防体系。这些遗存古迹对研究明代军事设施具有一定的史料价值。

### 龙山所古城

龙山所古城位于浙江宁波慈溪市龙山镇龙山所村，四周风光毓秀、景色宜人，且地形独特。东靠石塘山，南临达蓬山和凤浦湖；西面的伏龙山环绕所城；北面靠东海，地理优势明显，因此在此设所。

龙山所古城是明代为防御倭寇侵扰而构筑的海防工事之一，也是浙江省保存较为完整的所城遗址。龙山所古城土筑泥垒，呈正方形，从城中心十字街口到四方城门距离均为240米，城墙外被护城河围护。现今，龙山所古城内的四个城门都已消失，但部分城墙和护城河都保存较好；城内的原有建筑多已面目全非，但遗留的一些老宅依然保持着古老而独特的风韵，廿八间、老朱家、朱祖夔故居、董家、王家门头、杨家、滕家、郭家、巩院、虞家、勤德堂等明清至民国时期的古民居建筑依然矗立，屋顶呈青灰色的屋脊，高大的风火墙，墙、门或窗上的雕刻纹饰精美而生动，巷陌里古色青砖遍布，小河、池塘和方井散布于其间，城市布局合理，兼具居住、军事防御、排水泄洪等多重功能。

**象山石浦古城**

石浦的渔港古城又名荔港，明代抗倭所城之一，在布局上呈东北、西南走向，为“月牙”状封闭型港湾。石浦古城依山而筑，靠山临海，城墙的筑造上随山势起伏，城门就形而构，城门是赤红色，上面修建了一栋二层的木质结构楼阁。古城雄姿雄壮，无不彰显着当年的雄关风貌。

石浦古城的老街到处布局着以前的老宅或古迹，关帝庙、惜字亭、“大夫第”、源生钱庄、江心寺等都有几百年的建造历史。这些建筑造型古朴，建筑上的石雕艺术、木雕艺术等丰富，特别是屋顶的建筑结构及石刻很有艺术感，例如关帝庙屋檐上面造有关云长手握大刀人像雕像，另外还有双龙戏珠、八仙过海等中国神话故事。近年来，石浦古城对建筑遗产和历史文化进行深入挖掘和保护利用，遵循“恢复历史风貌，做到整旧如旧”的保护策略，在古建筑的保护中予以继承和发扬传统的文化和价值内涵（见图2-8~图2-9）。

石浦古城的瓮城又称月城，坐落于古城碗行街、福建街与中街交汇口，始建于明代，城墙保存完好。瓮城入口设城门，上置门挺，出口为城楼重檐，由闸门组成。

除建筑文化艺术外，石浦古城还蕴含着金鸡山炮台、南临石浦港等海防文化；还有二湾摩崖石刻等古诗文化，多为明代抗倭将领所镌；另外，还有海商文化、渔文化等多种文化。

图 2-8　石浦城楼、城墙石砖

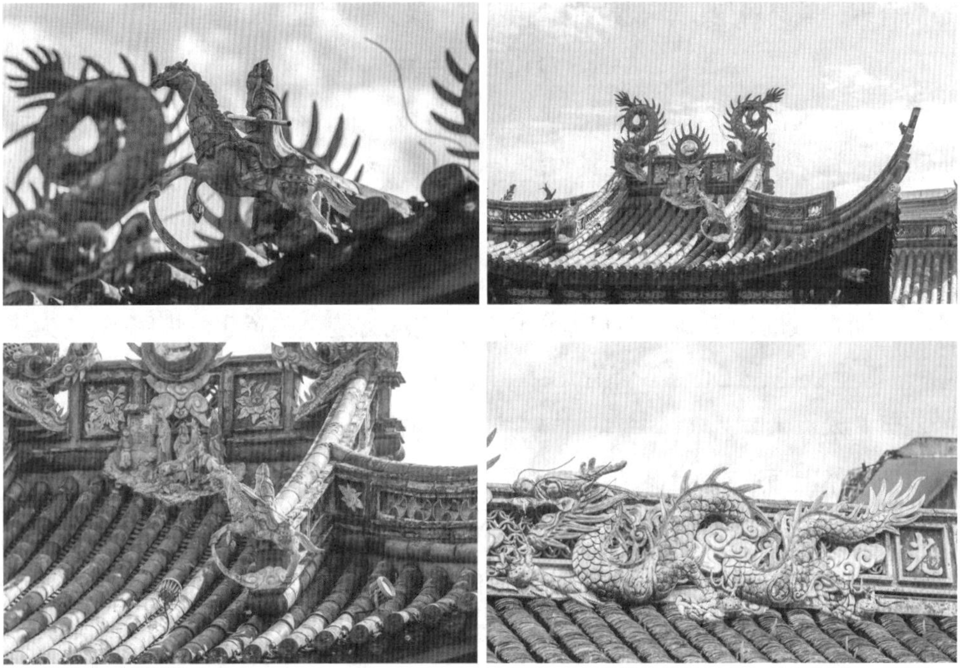

图 2-9　古城建筑上的石雕艺术

## （三）温州区域抗倭遗址

### 永昌堡

永昌堡始建于明朝嘉靖时期，整个城堡如同坚守的卫士默默地守卫着一方水土和人民，历经风雨沧桑400余年，至今仍保存较为完整。古城堡东靠东海海滨，西接巍峨的大罗山麓，地形独特，交通便捷，是一座已形成深厚文化底蕴的历史名城。

一个堡垒，竟然能建造得如此雄伟奇妙，堡呈长方形，南北长778米，东西阔445米，高8米，基阔3.9米，周长2688米，有陆门4座，水门4座。城中有城堞908个，敌台12座，具有极强的防御功能。东南西北设陆门，门将砌青砖，设防有闸门二重，城门上设谯楼。内外壁用块石斜垒，中夯杂土。真是令人震惊，单单城堞竟然就有908个，斜垒的块石更是坚硬不破。除此之外，护城河环绕于古城堡四周，城内开凿了两条南北走向的河流，居民分住渠之两岸，两岸以方块花岗石斜筑，除了有坚强的抵抗能力，也有利于居民水陆交通、灌溉、清洗，亦可通舟楫，渠上也架有数座石桥（见图2-10）。

图 2-10　永昌堡城堡及城墙

### 蒲壮所城

蒲壮所城位于浙江省温州市苍南县马站镇蒲城社区的山麓，属于浙闽交界处，所城建于明洪武二十年（1387 年），由信国公汤和受朱元璋之托而建造。蒲壮所城是一座保存完整的明代抗倭海防城堡建筑，城堡分东、南、西三门，各门均筑有瓮城和城楼。城内街巷排列成“田”字形。街衢相贯，巷巷相通。城内古迹众多，有城隍庙、文昌阁、东林寺、西竺寺、守武真官墓。古谣称“一亭二阁三牌坊，三门四巷七庵堂，东西南北十字街，二十四井八戏台”，是对城堡结构的形象写照。

作为古代建筑，其城堡结构和建城风格独特，一亭二阁三牌坊，“阁”在整组建筑中起到补充作用，“亭”起到承前启后、过渡连接的作用，而牌坊没有“楼”的构造，也没有斗拱和屋顶，而牌楼有屋顶和装饰性斗拱，因此可以更好地烘托气氛。三门四巷七庵堂，东西南北十字街，二十四井八戏台，这种结构相似于唐朝建筑的长安皇城，以四门为外，筑造城内“田”式建筑分布，巷子交错有序，整齐美观，东西南北十字街是当时主要的抗倭古城街道布局形式，另建有庵堂戏台。

作为文物古城，蒲壮所城具有极高的文物保护价值，开发为教育和文旅景点，既能带动当地旅游业的发展，又能作为古抗倭遗址激起国人心中的爱国情怀，激起人们心中的英雄大义。发展以古城为中心的文物景点，大力推广古城的宣传和形象，扩大古城形象影响力。蒲壮所城的保护价值可以从以下三个方面理解。

一是历史科研价值。它可以让当代世人认识明代的抗倭海防城堡建筑，了解明代抗倭历史，认识明代抗倭人物，见证了中国历史上第一次大规模反对外敌从海上入侵的战争，分析明代的建筑特色风格，是一个能够反映明代社会政治经济文化特征的历史遗产。

二是艺术审美价值。它可以让我们从一些建筑或器物等物件的纹样风格了解到明朝时期的艺术体系，也会对后世的我们进行艺术设计时有一定的启发，它们的美感以及建筑水平，会带给人们强烈的艺术震撼和视觉美感享受。

三是社会经济价值。这些文物和遗址可以设立成历史博物馆、遗址公园等，开展旅游业，可以对地方经济的发展起到促进作用，与一些其他的副业进行优势互补。

通过蒲壮所城的古城效应可以大力发展乡村旅游业，打造集人文、历史、自然于一体的古城，以抗倭遗址的历史文化和红色精神为基础，结合原生态的自然风光，贴上“新时代乡村旅游基地”的标签。

**金乡卫城**

金乡卫城是浙南沿海的军事重镇，城围十里，全城的城墙周围由护城河环绕，呈八卦乾坤的布局。城墙以长条石砌筑，内夯黄土和砾石进行加固填充。城墙有堞1650口，窝铺43座。有东南西北四座城门，分别是迎旭门、靖海门、来爽门、望京门，均为石砖拱形砌筑，各门均有瓮城，另有水门四座（后北水门被封），目前仅存三座。金乡卫城抗倭防御设施上共设11个寨、15个堠和14个烟墩。

金乡卫城已有600多年历史，当地的一首民谣“一亭二阁三牌坊，四门五所六庵堂，七井八巷九顶桥，十字街口大仓桥”可以很好地说明城内的知名古建筑布局形式，目前所城内的现存街、巷、井等布局仍为原始布局，保存较好的四个巷弄——发祥巷、社仓巷、马房巷、铁械局巷，分别为当时城内的民工受罚之处、后备设施区、养马处及军需库所在地等，各巷作用不同，是来往的游客必去的景点。城内遗存建筑多为清朝康熙年间建造，但其建造的历史轮廓仍然保留了明朝的形式，只是在使用作用上已经从军事化转变为普通城镇而已。

现保存较好的主要建筑包括东护城门、东门城堞、东城楼、东城墙、南城门、南城墙、西城门（后有恢复性新建）、西城墙等。各城门都用块石垒砌，内夯实土、碎石，非常坚固；城门分内外拱券门，外层拱券门用四排条石分三层并联纵券对称砌法，内层拱券门用青砖粘白灰并联错缝拱券砌筑，坚固实用又兼具艺术感。东城楼为木质建筑，楼两壁及后墙均用青砖包砌，明间七架梁，次间边缝抬梁式结构，城楼屋顶硬山造，正脊两端各饰鸾凤吻兽。

金乡镇建有金乡博物馆，原为一个民国时期的“巴洛克”风格的民居洋楼，青砖砌墙，雕刻富丽。馆内的文物彰显着“中国抗倭第一镇”的深厚文化底蕴，反映了金乡人民在抗倭斗争历史上留下的辉煌篇章、独特的文化性格特征和民风民俗。该馆现为县文物保护单位，建于民国初，结构为两层砖木混合结构，以方形壁柱相隔，壁柱用青砖砌筑，壁柱内侧置扶壁式科林斯柱，明间穹形门套样式新颖，古朴典雅却不失恢宏大气。

### 磐石卫城

乐清磐石地处东南沿海，是温州门户。明洪武八年（1375年），朝廷在此设卫，为温州三卫（温州卫、金乡卫、磐石卫）之一。磐石卫城在建造时有城门城楼各四座，城墙均用钉头石，石块外大里小如钉子，因此城墙固若金汤。但磐石卫城墙在民国时期被拆毁，目前仅存西门和北门等遗址。老城内曾经的中心还存有一处墨斗池，城东遗存有痕迹斑驳的“磐石渡口”与“镇瓯亭”。

磐石卫城尚有遗存的其他抗倭遗址还有戴福墓，戴福继承父志，曾在此授轻车都尉指挥使，镇守磐石卫与倭寇多次奋战克敌。戴福墓周围石刻雕像、石刻神兽等保存较为完好，石像的服饰纹理精美清晰，具有一定的艺术研究价值。

磐石也是著名抗倭名将张鈇曾经领兵抗倭战斗过的地方，在当地流传着许多关于他的故事和传说，值得我们发掘和颂扬。

### 蒲岐古镇（城）

温州的上望蒲岐在历史上一直是中国东南沿海的军事战略要地，至今仍保留着众多的抗倭军事文化遗产。蒲岐古镇的四座城门（保泰门、定安门、蔚文门、镇武门）均为乐清市文物保护单位（南门蔚文门和西门定安门损坏相对严重）。

古城在建造时，在建造格局上有三大特色可供现代建筑参考：十字街、三环形巡逻道和周全的排水系统。古城的建筑形式都传承着“坡屋顶、小青瓦、白粉墙、木格窗”等明朝建筑文化古韵元素，古城内还有大量的老家具、木器、纺织品、古籍书画等民俗用品，都彰显着浓厚的历史文化底蕴和艺术价值。

在蒲岐古镇建有乐清最早的一批民间博物馆，用于展示当地的建筑艺术和民风民俗。古镇内保存的古民居建筑也不少，但多为清朝所建，例如现存最老的古宅——叶宅，瓦当为一排虎面，门口的石窗建造讲究，右侧石窗上雕有竹子、铜钱、蟠桃等纹路，工艺精美，其他古民居建筑风格和装饰风格与之相似。

这里有着抬阁、踩高跷等丰富的传统民俗文化，很多民俗始于清末，虽并非抗倭遗存，但因与古镇息息相关，也可与抗倭文化融为一体作为文旅开发的重点。在古镇附近还建有蒲岐的“小长城”——海国长城，城上重新修建了长廊、亭阁、楼阁数座，沿途有侯副庙、听箫寺等七个有几百年甚至上千年历史的古庙宇，城上还重修了华秋抗倭烽火台。未来结合古镇地域与文化特色，开发“古镇文化”“海防文化”“海鲜文化”三大特色文化将有助于提升蒲岐古城的文旅水平和旅游消费层次。

**宁村所城**

宁村位于温州市龙湾区海滨街道，与乐清磐石卫、龙湾炮台等抗倭军事要地互为犄角，是明代温州地区抗倭的战略重地之一。在建造格局上，宁村城墙长约5里，中间有十字街（为抗倭古城通用格局），墙高8米，城墙外层由坚固的块石垒筑，内层用夯土制作成斜坡构造，便于战争中的冲刺。设四座城门，每座门旁边设有2个碉台和1个炮台。清顺治十八年（1661年）全城迁弃，城墙全部拆除，目前城垣遗址尚存局部。目前村内常住姓氏92个，堪称“中华姓氏第一村”。

宁村的历史和传统文化保存丰富，民俗民风独特，很多传统的民俗文化远近闻名，民俗传承性较好。在建筑方面，有省级文保单位汤和庙；在风俗文化方面，国家级非遗“汤和信俗”“拼字龙灯”“二月初二拦街福”等活动从明代延续至今，已有500多年，根据抗倭军士习练的武操演变来的龙湾南拳在当地也非常盛行，这些古老的习俗具有非常好的民族特色性和文化典型性，目前多个民俗已被列入国家级非物质文化遗产保护项目（见图2-11）。

图 2-11　宁村的古建筑和风俗文化

## 海安古城

海安古城在明代时称海安千户所，简称海安所，隶属温州卫，明朝开国功臣信国公汤和为防范倭寇在沿海设置海防据点，围筑城墙而建。城墙用块石垒筑，城周围宽600丈，高2丈5尺，东至西长156丈5尺，南至北长156丈，设城门四座。经过几百年的沧桑，目前海安四座城门中仅存宾阳门和镇海门，而且大部分建筑已被拆除，只剩下一截断墙以及几个圆石礅（见图2-12）。

图 2-12　海安古城的建造布局

几百年来，海安依然保持着抗倭军事基地的原样，现辖域内的行政村，每个村落均有许多历史传说和保留着部分乡风民俗及文化古迹，极具文化考究意义。在海安，清明节还保留着一个当地远近闻名的风俗——海安会市，据说是与嘉靖三十七年（1558年）一场战役有关，当年清明时节倭寇八百余犯海城，攻海安所，战况惨烈，后人为了纪念先祖这一惨烈的战争，自发形成这一会市风俗，一直流传至今。

（四）台州区域抗倭遗址

**台州府城墙（江南长城）**

台州府城是国家5A级旅游景区，始建于东晋兴元年，府城城墙具有“江南八达岭”之称。东晋郡守辛景在临海大固山筑城御敌，形成初始形态的台州府城墙。明朝时期，临海城墙虽能挡洪水，却无法抵御倭寇袭击，因此于嘉靖三十二年（1553年）朝廷花巨资对临海的城防城墙系统进行强化修葺。后来在戚继光驻守台州时，根据抗倭形势发展和军事防御需求进一步改善城墙的防御性能。在1712年清康熙时期加造瓮城，是一座兼具军事防御和排水泄洪双重功能的府城城墙。

台州府城墙的建造布局基本符合传统的礼制文化要求，较以往荆州、襄阳等明清城墙更高大、更坚固，具有明清城墙建造的典型结构布局和城防体系，传统文化特色浓郁。临海古城的选址极其讲究，整个城墙随山而建，借用当地的自然地形地貌特点进行城防系统的构造创新，防御效能非常好，且与南方的地理气候与社会文化高度协调，具有南方城墙的形制特点。另外，整个城墙因滨江近海，使其防洪抗倭功能都很突出，体现了鲜明的地域文化特色。台州府城墙的用料和城砖砌筑方式都代表了明清高超的都城筑城技术。

台州府城墙目前遗存的有城墙墙体、城门、城楼、瓮城、护城河、护城桥、敌台、马面、垛口、女墙等。其中，城墙墙体和护城河属于当时的基本防御单元；城门、城楼、瓮城、敌台、马面属于当时的核心防御单元。台州府城墙与历经1600多年历史的临海古城相依相存，在建造格局和选址上符合传统风水学理念，而且建造和规划因地制宜、就近选材，完整展现了中国封建社会对府州级城市的传统建造格局和规划思路，是东亚地区典型的古代城市规划和城防建筑的历史代表，而且古城内还保留有较好的古时城市景观和生活习俗，研究价值颇高

（见图2–13）。

图 2–13　台州府古城墙

## 桃渚古城

桃渚古城位于浙江省临海市桃渚镇城里村，距海岸线10余公里。建于明正统八年（1443年），是明代临海人民抗击倭寇的建筑遗迹。据记载，古城墙原高二丈一尺，周长二里七十步，城上有台，台上有楼，十分坚固。现遗存的城墙高度在4~5米，周长1366米，有东、南、西三座城门，城门外有瓮城，也开有城门，因此也属于两进城门（明朝城防的典型构造形式）。环城的有十二座烽燧，是当年倭寇来犯时的烽火报警台。古城现除城墙垛口外，城墙的主体及三个主城门（含瓮城）均保留完好。古城街巷依然延续明清时期的建筑风貌，城内古民居建筑遗存较多，但大部分修建于清代，尤以关帝庙、鼓楼、鹤峤书院、柳氏古宅、郎家里古宅、天妃宫等最具代表性，具有极高的建筑艺术和历史文化研究价值。

关帝庙位于桃渚城内，始建于1467年（明朝成化年间），后因火灾损毁，于清代重建。目前遗存的建筑有大殿三间，内供关公神像。房屋坐北朝南，房柱础呈鼓形，柱头有斗拱装饰，雕梁画栋，虽为清朝建筑，但仍留有明式建筑的建筑艺术痕迹。

鼓楼是古代军事上用于敌情通报的场所，位于城内主街道的衙门和南门主巷道连通处，建于明朝万历年间。鼓楼的主楼由三间二层楼房组成，明间巍峨高耸，左右翼楼相扶，下为过道，原楼雕有飞檐翘角和雕梁画栋等雕刻装饰（今已不复存在）。

柳氏古宅建于明朝末年，现存古宅占地1800平方米，四合院形制。台门为三进制，大台门中开并分上下二层，设有外障屏风，内有堂号，北、西各建有屋套。东、西各开一台门，东台门上方悬有“武魁”字的匾额。建筑的建造艺术都留有明代的建筑技艺遗风：房宅内的柱子呈鼓形，柱头为斗拱穿插；门槛、廊柱、窗棂、梁枋上的木雕装饰形态逼真；屋檐、照墙、墙壁上的砖雕装饰技法细腻；还有墙上古朴大方的石漏窗和天井地面上铺的图案别致的石板，都彰显着其优雅的古韵建筑遗风。

郎家里古宅建于清道光年间，四合院形制，占地面积2500平方米。建造格局上采用二进台门形制，东、西、北均建有屋套。大台门是临街的二层楼房，门上用四根门簪进行装饰，内设内障屏风；小台门上建造有过街楼。整个院子的建筑石雕与木雕艺术丰富，飞檐翘角、雕梁画栋，翘角形态和雕饰增添了建筑的庄重和典雅感觉。建筑辅助构件上，如窗棂、梁枋等饰以木雕，雕刻工艺细腻、精美；柱头的回头鹿、蟠飞龙、翘走狮、威麒麟等高浮雕，形态纯朴、造型简练。石漏窗和照墙屋檐的砖雕技法也非常多样，有圆雕、半圆雕、高浮雕、浅浮雕、线刻等。

郎德丰古宅始建于清光绪中期。四合院形式，占地面积3200平方米。屋套环绕东、西、北，呈U形，临街照墙高大壮观。大门为中开形制，院内东厢房与扦翼楼相契合，回廊与天井连通。建筑上的雕刻及纹饰丰富，有人物、鱼虫、花草、鸟兽等雕木构饰件和形式多样的镂空石窗花，线条流畅，图案丰富。

桃渚古城在明代抗倭战争中起到十分重要的作用。戚继光作为明代抗倭的民族英雄，自嘉靖三十四年（1555年）开始防守台州，在台州抗倭八年，功勋卓著。因此，桃渚古城既是倭寇入侵我东南沿海的历史铁证，又是民族英雄戚继光率领军民共同抵御外侮的英雄古堡。为纪念戚继光和桃渚人民抗倭的丰功伟绩，1992年，桃渚城里村自筹资金建造了桃渚抗倭陈列馆。陈列馆为仿古建筑，馆内陈列了戚继光塑像、桃渚人民抗击倭寇的历史记载及赞颂桃渚人民不畏强暴抗击倭寇的书画作品。

桃渚古城是国内目前保存最为完好的明代抗倭卫所城池之一。近几年来，临海市政府充分挖掘古城的国防教育和爱国主义教育功能，在国防教育、旅游开发、文化传播等方面做得有声有色（见图2-14）。

图 2-14　桃渚古城古迹遗留

## 椒江戚继光祠

椒江戚继光祠位于浙江省台州市椒江市东山，始建于明末，现存建筑为清代同治、光绪年间重修，主体建筑坐北朝南，为一条纵轴线上三进建筑，大殿、偏殿和看楼楼面通连。建筑的布局：入口建有照壁，过石壁有一座石桥，山门五间楼，山门后建有戏台。戏台前有一池塘，池上架桥。池后建有看楼，看楼为七开间，五间为重檐歇山顶，翼楼为三重檐歇山顶，看楼中间为石踏跺；进看楼为廊、大殿，大殿歇山顶三间两廊，两旁偏殿，与看楼楼面相接（见图2-15）。

戚继光祠的建筑形制属于典型的明清建筑形式，建造布局方正，建筑屋顶角檐翘起，屋顶正脊和垂脊都有屋脊兽雕刻，并伴有精美、多样的传统纹饰（见图2-16）。

图 2-15 戚继光祠建筑格局与大殿

图 2-16 建筑屋顶的脊兽雕刻和纹饰

在戚继光祠正厅塑戚公坐像，厅两侧壁上悬挂“激战三捷”“平远庆功”“海疆倭患”“率兵援闽”四幅历史画卷。祠内还展有《戚继光抗倭史迹陈列》。其中大殿为中心陈列，东偏殿和东看楼为第一陈列室，西偏殿和西看楼为第二陈列室。《戚继光抗倭史迹陈列》以文献、文物、模型、照片等形式加以贯串，分版面陈列明代海门卫模型、戚继光大事年表、明代沿海倭患、沿海人民的灾难、初战浙江、屯兵海门卫、建立戚家军、台州大捷等；以橱柜陈列戚家军兵器、鸳鸯阵、水师船只模型等。从整体上讲，祠内展出的文化印记丰富，具有较高的历史文化研究价值。

2019年，戚继光纪念馆（戚继光祠）被国务院核定为全国重点文物保护单位，是浙江省爱国主义教育基地、浙江省国防教育基地。

### 白石关城墙

白石关位于台州路桥桐屿镇埠头堂村、盐岙村及黄岩区江口镇唐家岙村三村接壤处的白石岭上，由古驿道、关隘、风雨亭、白石寺等构成，是当地重要交通枢纽汇集点。

白石关所在的白石岭是明代的古方驿道，是通向台温、黄太两条驿道的要冲之地，具有较高的军事价值。关隘遗址上遗存有关墙两道，北城墙长40米、南城墙长28米，高3.5米、厚1.2米；城门高2.3米，北城门距南城门45米，均由不规则块石垒砌，坚固厚实，且呈拱圈状；在白石岭驿道上，建有风雨亭五间，石木结构，五檩构架；保存较好的还有白石寺，其所在位置据传原来应为明代兵营所在。白石关是明清海防遗存中保存比较好的实例，在抗倭历史上功不可没，历史价值较高。

## （五）绍兴区域抗倭遗址

### 三江所城

三江所城位于绍兴市越城区斗门镇三江村，是钱塘江、钱清江、曹娥江汇合之处，地形险要，古为海防要地，是明代抗倭重要的军事要塞之一，距今已有600多年历史。据《嘉庆山阴县志》载："三江所城，明洪武二十年信国公汤和筑。在城北三十里浮山之阳，践山背海，为方三里二十步，高一丈八尺，厚如之。"

三江所城目前叫三江村，整个所城虽已不复当年的险恶威姿，但渍痕斑驳、厚实沉重的墙体、城墙，刻印着各种字体的地砖，以及城门、护城河、吊桥、垛口、正楼、角楼、闸楼、箭楼、女墙等重要的军事建筑遗址无不让人想起烽火连天、抗倭杀敌的岁月。三江所城东城门是绍兴目前历史最悠久、保存最为完整的古城门，东城门城垛用条石砌筑，是绍兴军民抗倭的实物见证，具有一定的历史、军事、文化和建筑艺术研究价值（见图2-17）。

图 2-17 三江所城仅存的东城门

### 绝倭涂和浪桥

绝倭涂位于绍兴市的柯桥区南部，是明朝的抗倭民间英雄姚长子绝倭殉义处，后人为纪念而修建，目前尚有姚长子纪念祠、“得胜桥”“万安桥”等遗址。1937年，当地人民又在纪念祠旁重竖了一座纪念碑以纪念姚长子的英雄壮举，目前已列为绍兴市重点文物保护单位。

在绝倭涂，依然矗立着两座连接涂口的石桥，桥上护以坐狮望柱和实体栏板，雕刻工艺精细，形态逼真、栩栩如生。姚长子纪念祠的祠旁有石柱铭文记载其历史，右侧矗立着高大的纪念碑，碑身坐北朝南，为混凝土结构，分上下两部分，截平面为正方形，各边均长约1.16米，上部正面隶书阴刻“姚先烈绝倭纪念碑”八个大字，下部镶嵌太湖石，上刻“明姚烈士遗像”六个小篆大字，下刻姚长子头像，线条简明流畅（见图2-18）。

图 2-18 姚长子纪念碑

浪桥紧靠姚长子纪念碑，构造上由二十孔石梁桥组成，桥下每个桥墩的体形都不同，使得全桥呈少见的圆弧形形态。桥面由三块完整的长条石并行连接，望柱上雕刻有六只形态各异的石狮，桥板两侧刻有“万安桥”三个字，此处因姚长子妙计引倭寇进浪桥包围圈并全歼倭寇而得名。现浪桥为乾隆三十三年（1768年）建，是绍兴又一处与抗倭历史息息相关的典型建筑遗址。

## （六）舟山区域抗倭遗址

舟山作为浙江的海上前沿门户，在明代受倭寇侵扰频繁，舟山当时隶属宁波府，是当时倭寇在海上的重要据点，几十年的抗倭斗争给舟山留下了许多著名的遗址，著名的有沥港平倭碑、岱山长涂的倭井碑、双狮山烽火台遗址、普陀山“抗倭摩崖题记”、枸杞岛抗倭名将题字等，都是现存的重点文化保护景点，文化价值非常高（见图2-19）。

另外，舟山地区还留存了很多宝贵的非物质文化遗产，像八月十六过中秋、把蚕豆叫倭豆、舟山船拳等，这些文化遗产都与当时的抗倭斗争息息相关，后人为纪念而一直流传至今。

图 2-19　平倭碑和抗倭名将的“磐陀石”石刻

## 三、福建区域的抗倭遗址文化

### （一）福州区域抗倭遗址

**抗倭名将张经墓、张经故居及三坊七巷**

福州市鼓楼区福建工贸学校的山地公园（公园位于大腹山麓）矗立着一抗倭名人古墓，气势磅礴，白色花岗石结构的墓碑略显沧桑，龟甲形圹山，以双重山墙进行修护，形若明清时期圈椅上的扶手。墓面南向朝向壮阔的闽江，墓的整体呈“风”字形，这个墓就是曾被誉为“东南战功第一”的著名抗倭名将张经之墓（实为衣冠冢）。

墓道原有13埕，每埕面宽14米，一直延伸到闽江边，如今只有7埕尚存，墓道层层高起，两旁砌有石护坡，中间设有台阶拾级而上。第一埕左右立着两根八角形的石望柱，左刻“玉音，襟期慷慨”，右刻“玉音，志虑忠勤”。墓埕两边分立着石像：有文臣秉笏肃立，有武官披甲按剑，也有缰勒待发的石马、威武的石虎和温驯的石羊（目前石羊已不存在）。墓前设有祭祀石桌台，台裙分框镌刻浮雕有麒麟、狮、鹿、马、羊等神兽图案，雕刻精美但多已风化，痕迹斑驳。两边墓手各用石雕工艺雕刻着一头闭嘴龙（石螭）并镇以石狮，此雕饰与明建文帝陵寝的宁德上金贝古墓相同。

与张经墓相伴的是位于城区南后街三坊七巷文儒坊的张经故居，建于明代嘉靖年间，属于福州最古老的建筑之一。原故居并排共三座，均坐北朝南，共三进，带花厅，西侧是闺阁，东侧巷子为养马房。故居建筑为双坡顶，穿斗式减柱造木构架，现仅保留了残墙、石框大门、门内的天井及主座木构厅堂，都是明代建筑遗迹，虽破旧不堪，亦可窥见当年一斑，急需得到修葺和保护（见图2-20）。

三坊七巷现开发为历史文化街区，这里曾是福州历史上的古城中心，街巷始建于晋，其古老格局至今基本保留完整，是中国众多古老都市中仅存的“里坊制度活化石”，坊巷内保存有200余座古建筑，是一座不可多得的“明清建筑博物馆”，建筑遗址文化研究价值极高。三坊七巷一直都是“闽都名人的聚居地”，林则徐、严复、沈葆桢、林觉民、冰心等一些在我国近现代历史上有重要影响的人物都曾居住于此地。以明清建筑及周边文化为纽带，拓展开发与名人相关的系列文化，更有助于提升该地区古建筑文旅开发的影响力和知名度（见图2-21）。

图 2-20　急需得到维修和保护的张经故居

图 2-21　三坊七巷古建筑群

## 金山寺

福州金山寺是闽江流域的一个著名景点，位于福州市仓山区，建于宋代，是福州唯一的水中寺。福州金山寺塔后的大悲楼，左右各设有一间斗室，左室又称“怡怡斋”，是张经年轻时学习读书的地方。金山寺内两旁的浮雕长廊记载了张经一生抗倭的丰功伟绩，镇海楼上也挂有张经画像，寺内山碑廊中存有张经所撰的《四门学碑记》。关于张经的名人故事也是非常好的文化元素，可以与周边的建筑相融合，成为开发的文化聚焦点，并增强文化的传播和影响。

### 福清戚继光抗倭遗迹和戚公祠

瑞岩山、石竹山是福清两座名山，均留有戚继光抗倭遗迹或当年的英雄传说，是当地有名的纪念性景观。

瑞岩山因戚继光撰写的《瑞岩寺新洞碑》中的“余以此一山冠冕，故遂以瑞岩名”而得名，除了有穿云洞、天章岩等自然景观，还有北宋修建的瑞岩寺和元代开凿的弥勒石佛坐像等历史文物，可以与抗倭文化融合一同开发和利用。

戚继光在瑞岩山驻军练兵期间，留下了《望阙台》《宜曛洞》《振衣台》三首诗。他当年撰写的《瑞岩开山记略》依然镌碑矗立于瑞岩山弥勒石佛坐像的西侧，现已成为国家级保护文物。瑞岩山上还留有戚继光“独醒石”石刻和戚家军“戚井”、振衣台等抗倭遗迹，这些诗词、石碑、传记等与抗倭遗存建筑一起形成了富有爱国主义和民族情怀的传统文化符号。

戚公祠原位于福清融城西门茶亭，整个祠堂属于硬山顶土木结构。它是福清人民为纪念戚继光的功绩而建祠奉祀。由前殿、后殿和左右回廊、厢房组成，前殿大门上悬有竖匾并题有“戚公祠”金字。祠内有戚继光塑像和绘有戚将军功绩的绘图。现被列为福清市县级重点文物保护单位。

### 万安所城

万安古城位于福清市东瀚镇万安村，始建于明洪武二十年（1387年），已有600多年的历史，由江夏侯周德兴调集匠役修建。城体为花岗石筑就，城墙上由827个女墙、13座警铺和18座敌楼组成；四个方向各建有一个城门，除北城门外，其他三座城门上的城楼雄视海面，城内街道沿南北方向依山势铺设有石板，城市构造布局极其合理。

古城现仅存3段残墙、1座城门的门座以及1处炮台，其余建筑都已不复存在。当年城内建有的祝圣寺、关圣殿和天后宫、文昌祠、观音阁、海潮庵等寺院也大部分已损毁不存，仅祝圣宝塔尚存。祝圣宝塔为仿楼阁式花岗石结构，高18米，七层八角，空心；塔内有曲尺形石阶，须弥式座且四周有莲花、狮子戏球等浮雕图案；塔门有两尊塔神，上有凿刻“万安祝圣塔”五字的石匾。从第二层开始，各层第一面都镶有浮雕罗汉一尊，神态各异，塔顶为葫芦式；塔旁立有“明刘侯建塔碑记”

阴刻篆文石碑，但碑文已难以辨认，现被列为福清市第一批重点文物保护单位。

所城烽火台为覆斗形结构，用块石垒筑而成，顶部呈长方形造型，烽火台的烟墩高5.0米，底座边长约12米，顶部开口边长约8米，顶部建有用于点火的灶坑，建造结构科学而实用，目前都保存完好。

### （二）泉州区域抗倭遗址

#### 崇武古城

崇武古城位于福建省泉州市惠安县，与台湾隔海相望，是明洪武二十年（1387年）时江夏侯周德兴为抗击倭寇所建，目前是国家4A级旅游景区和全国重点文物保护单位。崇武古城目前仍流传着独特的“封建头、民主肚、节约衣、浪费裤”的惠女民俗，服饰特征古朴而奇特，头戴黄斗笠，身披白底小碎花头巾，捂住双颊下颌，上身穿又短又狭的蓝色斜襟衫，露出肚皮，腰间佩有银腰链，下穿宽大飘逸的低腰黑裤，配以精巧艳丽的头饰，由此可见当地蕴含着丰富的传统文化及民俗。

1. 古城的历史文化价值

崇武古城自宋代起就在这里设崇武乡守节里，洪武二十年由江夏侯周德兴奉命而建，建造时充分根据海岸线曲折及地形险要的地理优势，成为当时抗倭的关键卫所。古城蕴含着中国海防史上比较完整的史迹，历史上很多文人墨客曾在此留下诗词歌赋来赞美古城的雄威和英雄的事迹，因此古城的人文价值也很高。古城内外分布着30多处建于宋、明、清等时期的宫庙庵堂等古建筑遗存。

古城内蕴含的文化艺术丰富，例如：

传统表演艺术——渔鼓演绎：渔鼓运用闽东和闽南两种方言演唱民间神话和故事。

传统表演艺术——丹桂茶制作技艺：丹桂茶的制作工艺简单，但要掌握精准的制作时间，丹桂茶制作技艺形成了独特的丹桂文化。

人文民俗艺术——少数民族婚丧仪式：当地少数民族有着自己的方言“非闽非蛮话”和独特的文化传统，保存着以歌代替婚丧以及日常交流情感的方式，这也是典型的历史文化遗产。

民风民俗艺术——半夜抬水神满城跑（拨五更）：“拨五更”这一艺术形式充分展现了古城中保留的明代抗倭时期将士们训练和欢庆节日与胜利的场景。

2. 古城的建筑艺术研究价值

作为中国现存最完整、保存最完好的“丁”字形石砌古城，崇武古城具有极高的建筑艺术研究价值，值得建筑学家们对其进行调查研究，从中了解明代的建筑技术和建筑思维。古城中的巨型“双龙抢珠”石壁堵及高浮雕蟠龙石柱和高大威严的戚继光雕像等石雕都非常精美，极好地展示了惠安“中国石雕之乡”的精美石雕技艺，具有非常高的艺术价值。

另外，崇武所城布局非常有特色，崇武所城城墙四周在南城角，城墙起伏，蜿蜒若花瓣。城中有高突小丘，形似花蒂，称莲花石。整个小城就像莲花座，军营布置在座底。崇武所城的建筑布局状似莲花，十分独特，且趣味横生，可以提取“莲花”元素用于文创设计（见图2-22）。

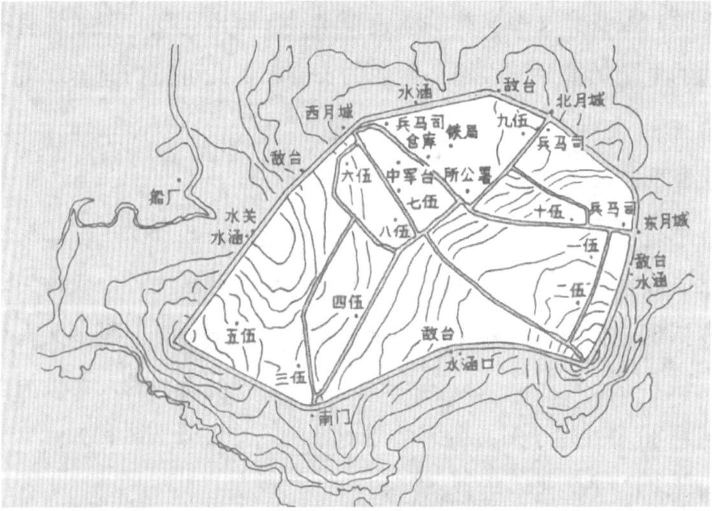


图 2-22　崇武古城建造布局

3. 古城的传播教育价值和文化旅游价值

崇武古城是福建省首批“国防教育基地”和“爱国主义教育基地”，古城的遗迹见证了一代又一代仁人志士保卫国家、抗击倭寇的努力，蕴含着浓厚的爱国主义情怀，具有极高的爱国主义教育和国防教育意义。

另外，古城坐落于泉州市惠安县海滨，惠安海岸有半月湾、青山湾、净峰惠女湾等天然的海洋资源、沙滩文化，是中国八大最美海岸线之一，山海风光相映，古城蕴含其中，民俗风格独特，具有丰富的自然和人文旅游资源。

惠安石雕是南派石雕的代表，被列入第一批国家级非物质文化遗产保护名录。在崇武所城中立有抗倭名将戚继光的石雕像，以纪念其对于当地抗倭方面做出了卓越的贡献。可以将本土的石雕非遗元素和戚继光将军个人形象IP联系起来，提取制作文创作品（见图2-23）。

图2-23　戚继光石雕

### 永宁古城

永宁古城现是泉州市的一个古镇，是泉州古代规模较大的古卫城，是中国明朝三大古卫城之一，建于明洪武二十年（1387年），曾有俞大猷等抗倭名将在此率军抵御倭寇。永宁是一个历史悠久、文化沉淀深厚的古镇，现存的建筑遗址有卫城遗址、城隍庙、观音亭、镇海石、铁匠铺、西式教堂等，都是当地的文化代表符号，也是古卫城的艺术价值诠释，内涵丰富的文化和艺术元素。

目前，永宁城内比较有文化艺术内涵的有祠堂和寺庙中的石雕和木雕。另外，古城的建筑造型优美、特色鲜明，这些建筑红砖红瓦，雕梁画栋，燕脊翘檐，骑楼廊柱，红白反差强烈，典型的闽南建筑文化风格。翘着燕尾脊的建筑红砖屋，建造时集红砖、青石和木材于一体，石雕、木雕、影子雕刻等多种形式创造性地结合在一起，形成美丽的外观（见图2-24）。

图 2-24 永宁古民居及古街石墙

永宁卫城曾有五座城门，每座城门皆有一个土地庙。永宁城隍庙始与古城建造时间相当，其建筑和雕刻装饰都非常精美，是永宁保留最完整的一座古寺庙（见图2-25）。

图 2-25 历史久远的城隍庙大门及屋顶木雕

另外，比较有代表性的建筑艺术还包括莺山书院的建筑形态、雕刻纹饰等，书院的传统红砖建筑仍然保存完好，以四季花鸟、八仙祝寿为主题的泥塑和木雕以及窗屏上的镏金字画栩栩如生，造型别致。还有西洋与闽南风格混搭的番仔楼，混凝土结构中加以闽南红砖、杉木建造，再配以拼砖、剪瓷画、石雕、木雕、灰塑、壁画等细部装饰，整体建筑外观好看、装饰细节精美。这里中西合璧的古建筑遗址还有很多，都凝结着当地居民的建造技艺和生活智慧，传统的建筑诉说着曾经的历史（见图2-26）。

图 2-26　精美的莺山书院建筑木雕

## （三）漳州区域抗倭遗址

### 六鳌古城

六鳌古城位于福建漳州漳浦县的六鳌镇青山山麓，古城背靠大陆，面朝海滨，地势险要，地理位置绝佳。古城建造历史久远，元代时就有城建，城墙全部采用长条石砌筑，墙厚2~3米，非常坚固。城开西南、南、北3座城门，北城门为主城门，门外建瓮城、立石坊以及一座关帝庙和一座天后宫。城门筑有夯土城楼，同时还辟有水门，用于排洪和战时应急。目前六鳌山的西门，有着一段较为完整的城墙。城中即为青山，山上建有观察台、兵营，现存有数个残石碑刻，巨石上有三处摩岩石刻，石刻中以“嵯峨一片石，独对海中天，大地东南去，群山不敢前”最为有名。

六鳌古城的古建筑非常具有闽南特色，古城作为元、明、清三朝镇守漳浦的防海盗、抗倭寇的军事基地，在历史上发挥过重要作用。古城有一座古色古香的“武庙”，建筑形式上单檐翘角、红窗青墙、古意横生。现存的古城已失去了军事作用，很多军事建筑转为民居，一排排破败的古屋，其外墙都是用石块、瓦片、沙砾等层层垒砌而成，古屋风貌依旧，屋、墙、窗等仍然古意盎然。有一些建筑的外墙是以长条的花岗石建造的，还有一些却用碎石瓦砾堆砌而成，这是因为受地理条件的限制，当时只能就地取材，所以当地人就用一些坍塌了的碎石瓦砾夯筑建成这类的三开间、两户厝、小庭院的闽南特色建筑（见图2-27）。

图 2-27　古民居建筑遗迹

## 前坂古城

前坂古城，位于福建漳州的五寨乡。明朝时期，前坂人民在政府的组织下为了免受倭寇侵扰而合力修建。

前坂古城结构精美，有五间当店，灰米结构，西门9间城楼高三层，土垟结构，其他为二层楼房，四城门上都留有窗子，城里有大埕，有大宗祠，有二口鱼池，宗祠下边有衙内大厝，宗祠内有“树德传芳”四个大字。前坂古城的城池与其他城池的显著区别是，它不是封闭式的，在设计方面是突出部分开放式（像五间当铺就是对外营业）。

福建地区的建筑在建造时充分借助地形特点，结合当地的天然材料，借助当地的天然泥土材料充沛的优势，客观上为夯土墙建造结构提供了源源不断的材料，这里比较著名的福建特色建筑——福建土楼（客家围屋）就是如此，古城内现存较为有名的一座土楼（四方土楼）叫纯洁楼，仅此楼内就居住有100多人。它们的建造都是以居住+防御为主，形成结构坚固、居住舒适又能很好防御外敌侵扰的建筑形式，我国著名的动画电影《大鱼海棠》就是以福建客家土楼为建筑背景，这也为福建其他建筑遗迹的文化设计提供了参考和借鉴。

## 镇海卫古城

镇海卫古城位于福建省漳州市龙海区隆教畲族乡镇海村，是明代福建沿海重要的抗倭指挥卫所之一，与天津卫、威海卫、金山卫并称为“明代四大古卫”。该卫城是明洪武二十年（1387年）由江夏侯周德兴奉旨来福建抵御倭寇时建造，古卫城历经几百年的岁月沧桑，现已残破不全，但卫城的遗址遗迹仍然可循（见图2-28）。

图2-28　镇海卫古城建筑遗迹

镇海卫古城是一座闻名遐迩的兵戎古城，城墙砌筑的材料全部使用石头，卫城原建有东、西、南、北四座谈会城门，每座城门上都建有牌楼。尤以南门建造方式最为奇特，它建有两重的城门，进入第一道城门后，两侧又各筑一道半月形城墙，俗称月眉城，具有非常好的军事防御功能。现保存较好的只有南门和水门。

镇海卫内外山海俊秀，有很多保存较好的宗祠、庙宇、亭阁、石碑和牌坊等古迹。城内尚有遗存的古建筑有断头罗汉、城隍庙、关帝庙、梳妆楼遗址、义学碑记、昭毅将军残碑、古石碑坊、古城墙等建筑遗迹。在卫城水门的右侧石墙上，还长有一株跟卫城几乎同龄的古赤榕树，巍峨地矗立在那儿，诉说着古城六百余年的故垒雄风和历史沧桑（见图2-29）。

图2-29　古城石垒建筑和古赤榕树

## （四）莆田区域抗倭遗址

### 莆禧古城

莆禧古城的地理位置居于福建莆田市忠门半岛，山亭乡莆禧村境内，为明代抗倭遗址，有着“凭海为堑、凿山为壕，一夫当关，万夫莫开”的军事之险要。莆禧古地名“浮曦”，明朝洪武元年，为抵御倭寇侵扰在莆禧设立“守御千户所”，后建筑防倭军事城堡，筑了平海城和莆禧城。古城周长590丈，墙高2.1丈，宽1.2丈，有城垛1049个，垛高6尺。置东、西、南、北四座城门，凿六个水涵洞，城的东、南、北三处制高点都建造有炮台，故称“六涵、三角、千余垛”。城墙下矗立着抗倭英雄戚继光仗剑的石像，东门有一条石板路称为“马路顶”，形似“蜈蚣”顺着山势共有17道接洽处，直通城外，是东门守城军民必经之路。城内石头房的建筑结构呈“屋咬山，山抱屋”的形式特点，以大块整石垒砌。古城三面环海，景色旖旎。在广场上，矗立着一座戚继光石像，该石像目视前方，显得威风凛凛。在石像旁边立有一块戚继光所写的《韬钤深处》中的诗句“封侯非我意，但愿海波平”。从北门入城，在瓮城里的石墙缝中，有一棵百年榕树从城墙的石缝中向外“坚强”地生长着，虽历经风雨却不倒，就像一位忠诚、勇敢的守城“老兵”，被当地群众视为“风水树”，经常在节日时受到村民们的祭拜（见图2-30）。

现存古城墙一千余米，东、北两座城门保存较为完好，西南段城墙仅存有古城城基遗址，其余城墙多已损毁。城内铺设有青石的十字街和城隍庙、天妃宫等古建筑遗迹保存较好，隐隐显露出了古城悠久的历史容貌。城外有八卦井和戚继光石像，这些都是福建省的文物保护单位。目前，莆禧古城的古城资源利用程度还不够，古城文化传播有待增强。在古城文化发展过程中，我们可以借助莆禧古城临海文化的特点，以当地节庆和民俗为聚焦点，挖掘莆田非遗油纸灯笼、莆禧“十九日”闹元宵活动中的抬神轿、妇女穿红衣（寓意“莆禧”）、巡游队穿白绫袄蓝缎裤（月光衣）等民俗文化特征，以此发扬莆禧的抗倭文化，让更多人关注莆禧古城，以此打开发展古城文化生态产业链的入口，不失为一种颇为有效的做法。

抗倭遗址保护与开发关键在于做好抗倭史迹的保护和展示、客源市场营销及与周边旅游资源的整合。莆禧作为一个海防卫所古村落，它是由明代军事设施逐渐民化并最终合并于州县而形成的，是中国古村落特殊的组成部分。它独立于普通的行政系统，有别于传统村庄聚落，除了居住功能还具有强大的军事防御性。其重要特色是依山面海，城墙高大、四面城门，城内有水濠、街巷、民居以及祠堂庙宇，既有民间传统古村落的内涵，也保存了诞生之初的军事特性，都是值得挖掘和保护的物质文化遗产。

图 2-30　莆禧古城一角

## 四、其他区域的抗倭遗址文化

### 金山岭长城

中国的万里长城是世界建筑奇迹之一。长城长达万里，具体到每一段长城都有自己的历史，其中，金山岭长城就是最美的一段之一。金山岭长城位于河北省承德市滦平县，毗邻北京市密云区100多公里。这段长城始建于明洪武元年（1368年），为明朝开国大将徐达主持修建，后由抗倭名将戚继光、谭纶又在前期修建长城的基础上续建和完善形成现今的规模，在修建城墙基础上还全线新修筑了近千座高大坚固的敌楼堡垒。由于该长城与抗倭名将关联密切，也是北方抵御外侵的主要防御工事，因此也被列为抗倭建筑遗址，并进行文化艺术研究（见图2-31）。

金山岭长城构筑复杂，敌楼密布，敌楼墙体以巨石为基，高5~8米，形式多样，各具特色，有砖木混合结构的，也有砖石砌筑结构的，有单层的，也有双层的，既有平顶，也有穹隆顶、船篷顶、四角钻天顶和八角藻井顶等，楼墩有方形、圆形、扁形，可谓一楼一式，因此也成为万里长城上构筑最复杂、楼台最密集的一段，蕴含着丰富的建筑艺术和传统文化。

**图 2-31　金山岭长城及抗倭名将战马雕像**

现存较好的建筑遗迹比较有特点的有仙女楼、库房楼、大小金山楼、空心台、大狐顶楼、望京楼等。

仙女楼是金山岭长城的敌楼，建筑的下部条石合缝，上部磨砖到顶，内部用青砖砌成两道大拱，三条雨道，十个券门，顶部正中心砌成了蛛网状的八角藻井，四边砌四个砖柱。

库房楼位于砖垛口和沙岭口，构造壮观别致，库房楼外侧紧靠楼脚下，有一道半圆形战台，长15米，高2米，上面布满射击孔。库房之间用砖石筑成一道南北走向的城墙，城墙设有敌楼和炮台，并有雨道与库房楼相通。便于士兵防守和撤退，建造建构布局非常科学。

大小金山楼是金山岭长城的又一名楼。小金山楼的券门建在敌楼一侧，下面是直立的峭壁。大金山楼建筑独具一格，楼上层建有仿木制铺房，其椽、檩、檐、窗都是用青砖磨制而成，酷似木制，给人以精巧、细腻之感。据史料记载，此建筑为抗倭名将戚继光从南方招募的三千浙兵建造，故楼名借用镇江大小金山岛之名命名，以寄托家乡之思。

空心台的敌楼设计更加巧妙。空心台分上下两层，上层为哨岗、石砌铺房，下层楼内有6条纵横的拱道和10个精美花卉浮雕石刻的汉白玉券门，拱道和券门四通八达，独具特色。

望京楼位于金山岭最高处，东面雾灵山，西面卧虎岭，南面密云水库，北面山涛林海和众峰，位置极佳，其建造形式与前面一些建筑格局和艺术形式类似，不再赘述。

## 铁铃关

苏州枫桥铁铃关建于明嘉靖三十六年（1557年），为了抵御倭寇入侵而建造的一所关隘，与关前的运河以及枫桥构成一道扼守苏州城西的重要屏障。铁铃关整体呈长方形，以条石夯基垒台，敦实牢固。其四面墙砌有砖块，中辟拱门，上覆关楼。关楼飞檐翘角，轻盈雅致。楼壁上还凿有一个个方形小孔，在古时用于士兵瞭望巡视，发射矢石和大炮。关楼上有匾额，上书“铁铃关”三字，楼的背面亦有匾额题字“御寇安民”，正体现了此关的历史意义与文化价值。

明朝时，自枫桥至阊门十里通道上，有铁铃关、白虎关和青龙关三道防线。铁铃关上悬挂着铁质铃铛，出现敌情便敲响铁铃，与青龙关、白虎关形成呼应，以此得名，铁铃关是苏州目前唯一留存的明代抗倭军事防御设施。在古代，枫桥是古驿道和古运河的要冲，是南北往来的交通枢纽；而铁铃关，是雄踞枫桥、扼守城西的重要屏障，两者紧密相连。在文旅开发利用过程中，此处遗址可以与枫桥的驿道文化、水运河文化融合开发利用，以古道关隘之雄，建立刚与柔并济的水乡旅游特色。

目前，在铁铃关下、枫桥西北，已建成“铁铃关战斗史迹陈列”展馆，展馆内陈列着以往的很多抗倭遗迹文化，传承着苏州这座千年古城的红色基因。

铁铃关作为明代抗倭遗址，我们可以将铁铃关的历史动态物像制作成VR

（虚拟现实）技术，让游客身临其境地体验过去的抗倭战争，感受民族英雄的爱国精神；也可以用人民喜闻乐见的形式形成可触摸、可体验、可感知的载体，将其优入从而使遗址能够发扬光大。让文物“活”起来，就是让古老的文物焕发出崭新的活力，走进普通百姓的当代语境生活，成为休闲旅游和文化活动的有机组成部分。我们可以将铁铃关中的枫桥敌楼作为特色建筑，提取“铁铃”两个字将铁铃铛人物化，成为铁铃关的特有吉祥物。设计出枫桥敌楼、“铁铃”吉祥物和与铁铃铛相关的文创周边产物等（见图2-32）。

图 2-32　铁铃关城楼遗址及上面的题字

### 蓬莱水城

蓬莱水城又叫“备倭城”，位于山东省蓬莱城北丹崖山麓蓬莱阁下，与蓬莱阁连为一体，是一座设计新颖、精巧别致的古城，也是明清两代的重要海防军事要塞，是我国现存最完整的古代水军基地。蓬莱是抗倭名将戚继光的故乡，戚继光故里成为当地有名的文旅景点。另外，这里有码头、炮台等海防建筑，也有为了纪念戚继光而修建的戚继光的雕塑和戚继光碑牌，来纪念和展示他在抵御外辱抗击倭寇中的丰功伟绩。蓬莱水城与蓬莱阁相邻而居，水城由建造在水中的城墙环绕而成，仅能通过一座水门出入海上，而且水门还能设闸蓄水。非战时，将闸门高悬船只随意进出；战时或有敌情时，将闸门放下后海上交通便被阻断。水门加设炮台各一座，是一个进可攻、退可守的水上建筑防御体系，具有极高的军事研究价值。

戚继光故里主要由戚府、戚继光兵器馆、牌坊街、戚家牌坊、表功祠、横槊堂、孟诸书屋、止止堂等建筑组成，是国家级爱国主义教育基地。

戚家牌坊共有两座，位于牌坊里街东西两端，东西分别为“母子节孝”坊和“父子总督”坊。两座牌坊都是四柱三间五楼云檐多脊花岗岩石形制，正间上下三坊通过镂空雕刻法雕有“丹凤朝阳”“二龙戏珠”“狮子滚绣球”“鱼龙变化”“麒麟与凤凰”等图案，侧间各有两坊，也分别雕刻有花、木、鸟、兽等图案装饰，蕴含丰富的文化和艺术价值。

表功祠又名戚武毅公祠，为三进院落家庙式建筑，有门房、过堂、正祠，均为单檐硬山式砖石木结构，门外两侧均放有石刻的石狮神兽，门扇上以阴刻法刻着“千秋隆祀典，百战著勋名”的楹联，横批为“海上威风”，东为过堂，中间立一幅屏风，上悬戚继光英雄画像，祠内作为陈列馆陈列《练兵实纪》等戚继光著作和戚家军当年的战袍、战靴、武器等文物。

戚继光兵器馆位于戚府对面，主要陈列有戚继光发明和改进的狼筅、镗钯、夹刀棍、钩镰、撩钩、火砖、喷筒、鸟铳、虎蹲炮、无敌大将军炮、火箭等兵器，这些兵器很多都是戚家军原创武器，武器形态独特，造型艺术蕴含其中，也是研究抗倭文化艺术非常好的切入点。

### 双鱼古城

双鱼古城是一座坐落于广东阳江上洋镇的小村庄，也是一座青史留名的抗倭古城。古城的历史可以追溯到明初，当时沿海屡有倭寇出没，明朝的开国皇帝朱元璋决定并下令在东南临海一带广泛筑城，设置卫、所等军事机构，以防外敌侵犯。阳江地区的双鱼、海朗（大沟境内）等“守御千户所”来源于此（见图2-33）。

双鱼古城原城四周有护城河环卫，有东门诸岭为屏障，西南为白石海湾，舟船可抵城下。所城占地面积7500平方米，城墙坚固，城堞呈梯形，外直内斜，高约6米，砖石套红泥五层结构。全城有东、西、南、北四个城门楼，各设大炮一门，吊桥一座。城内十字街中心建有牌楼，四个出口可通四大城门。千户所官署设在城中最高处，另有吏目厅、镇抚司、旗纛庙等军事、行政设施。

图 2-33　双鱼古城轮廓鸟瞰图

目前的双鱼古城的城墙已被拆除，但整个城池的轮廓还存在，东西南北诸门的位置也可以探寻，东西北三道城墙的夯土墙目前也遗存，只是淹没于荒草之中。护城河轮廓可见，河水几乎干涸。所城现存的建筑古迹还包括海防古驿道、古驿站、刘伯温古井、文昌阁、张公祠（纪念张元勋）、真宇庙、关帝庙、石人石狗等。随着全国各地对于乡村振兴的重视，双鱼古城村倾力打造村容村貌，对明代以来的遗存古迹进行保护和修缮，打造了双鱼古城海防文化展馆用于展示古城的历史与发展状况；同时还建了很多富有特色的娱乐设施，古今结合，使村中呈现出浓郁的古代文化气氛和现代生活气息。

# 第三章　抗倭文化的多维视角与当代选择

## 一、抗倭文化的多维视角

抗倭遗址建筑是一个很大的范畴，而建筑并不是孤立存在的，与建筑相融合的是人物雕塑、建筑内的器物、书法典籍及流传于建筑周边区域的故事传说等，这些与建筑本体组成了抗倭文化艺术。随着社会的发展，社会主要矛盾发生变化，文化的创新必然也会有新的维度的视角和方式。文化和艺术是丰富人民生活、推动生活进步的精神食粮，文化产业作为文化设计和服务的母体，随着文化艺术审视视角的多元化，未来其承担的历史任务也会发生变化，由单一的服务人的精神追求向多维的社会经济、文化、教育、艺术等多角度转变。

### （一）文化视角与现代融合

每一个时代的文化特征取决于那个时代下社会、经济、人文和地域等多方面因素，文化的发展离不开一个国家的发展和民族的进步，而文化的传承也是要为国家的发展和民族进步服务。中华民族有着5000多年的悠久历史和灿烂文化，当前社会下，挖掘文化、学习文化和传承文化都是为了更好地服务于我们的祖国发展和中华民族的兴旺，如何有效弘扬中华优秀传统文化？如何实现传统文化与现代社会的有机对接和融合？这些都需要我们从国家现代发展的角度创新审视文化，取其精华，去其糟粕，继承积极的思想，摒弃消极的因素，用新的视角探索文化和使用文化。

抗倭战争已经过去几百年，很多已被人淡忘，残破的建筑遗址大多没有被保护和加以利用。在新的历史条件下，这些抗倭遗存文化需要妥善保护和修缮。传统的文化视角将文化仅作为人的精神食粮进行歌颂传播，是人在满足吃饱喝足的物质生活后的精神需求的追求，从这个角度来讲，这些传统的建筑文化本身已不适合当代人的现实发展需要。但当今时代是一个高度发达和高度文明的时代，人对于精神和价值的追求更加丰富，这个时代要求我们更加热爱国家、热爱我们的民族和我们的家园，而抗倭文化遗产正是当代人的这种文化发展和文明进步的有益依托媒介之一。抗倭遗存建筑蕴含的文化思想具有以下几个方面的意义：一是可以帮助我们建构当代文化发展的先进理念和科学的人文价值体系，避免我们错失现代转型的发展机遇，出现社会文明的倒退与衰败，避免出现百年前列强侵犯的民族耻辱。二是可以帮助我们塑造优秀的人格和爱国情怀，让我们的国家社会和谐、繁荣发展，我们的人民崇仁爱、敬友善、守诚信。三是可以帮助我们建立当代制度文化的精神食粮和智慧源泉，用先进的制度文化保障人们对于传统历史的正确认知和未来先进文化的健康发展。四是可以帮助我们塑造新时代的文化样式和艺术美学，一方面可以传承源远流长的民族美学遗产，原汁原味地保留民族独特性和区域独特性；另一方面可以在梳理和挖掘中华优秀传统文化中将之运用于现代社会的发展，用中华优秀传统文化和艺术文明服务于现代文明的需要。

从文化的视角看待抗倭建筑遗址，要实现文化发掘与现代技术相结合，文化传承与现代思想相融合，文化应用与社会发展相统一。通过保护和修缮这些遗址建筑，让其蕴含的文化思想和文化艺术得到新的传播和发扬，以文化设计为手段，以造物为媒介，让中国创造携带着中华优秀传统文化与艺术走向世界。

### （二）教育视角与继承传播

文化与教育是一脉相承的。孔孟之道作为儒家文化的代表，在中国古代历史发展中有着极其深远的影响，儒家文化创始人孔子提出的“仁、义、礼、智、信”等三纲五常思想就是要教育他的学生以及子孙后代在礼仪这方面的修德，并演绎为儒家文化的核心思想之一，成为之后历朝历代学习和传承的主要教育思想。可见传统文化对教育有着积极的影响，而教育的一个主要功能就是传承文化。

中国传统文化博大精深，包罗万象，其中很多凝聚着中华民族的优秀品质和精神。在几千年的历史发展中，我国出现了很多具有代表性的人物和事迹，成为教育的典范，抗倭斗争中涌现的戚继光、俞大猷、张经、胡宗宪等人物和他们的生平事迹、英雄故事就是其中的一批。这些抗倭英雄及事迹往往通过一些抗倭遗存建筑来陈列和展示，通过参观和学习这些遗存建筑及陈列的故事典籍，了解当年的抗倭历史，宣传和发扬抗倭精神，让更多的人知道这些建筑遗迹经历的沧桑岁月，让抗倭英雄和当地人民那股不屈的精神永远印在我们心中。

当前，已有一部分抗倭遗存建筑得到了当地政府的重视和保护修缮，这些建筑内部大都陈列着曾经的城市历史史料、抗倭器物、抗倭武器以及与抗倭英雄相关的资料和物件，极具爱国主义教育意义和军事教育普及价值，很多抗倭建筑遗址都已被列为省市级的爱国主义教育基地或军事教育基地。但也有一些仍然散落在民间乡野，破败沧桑，路过的行人已看不出它们曾经的辉煌，亟须得到世人的关注和保护。

从教育的视角重新审视抗倭文化，不代表只是简单地保护、修缮和开发旅游。可以利用多途径、多元素去传播抗倭的精神价值和文化艺术，例如用动画电影复原历史场景，像2023年春节档电影《满江红》就是一个范例，电影通过一个舍生取义的小士兵来刻画岳家军精忠报国的家国情怀，引起了观众的强烈共鸣，对家长和孩子都产生了很大的心灵震撼，毫无疑问地能将这种教育意义升华。另外，还可以用时尚游戏或VR/AR技术让人沉浸和体验历史，用文创产品印记价值艺术等，多途径实现文化的传播和教育的意义。

### （三）经济视角与服务社会

传统文化遗产具有极高的经济价值。文化遗产的有效开发对于提升地域经济、实现当地居民共同富裕非常有帮助，以抗倭文化遗迹开发为例，通过开发文化旅游，可以给当地政府带来可观的文旅税收，还可以反哺进行遗址建筑的保护和修缮；文旅业还可以带动餐饮业、住宿业、销售业甚至房地产业等周边商业的发展，带动当地居民的就业和提高收入水平，可见抗倭文化遗产的经济利用价值之高。但传统文化的传承和发展不是简单的、粗暴的开发利用，一些国家级乃至世界级的文化遗产因为过度开发旅游、超负荷的游客游览导致破坏现象日益严重，丽江古城的过度开发和商业利用就是一个反面教材，引起世界遗产大会的注意，并启动反应性检测机制。

开发抗倭建筑遗址应该以文化设计的综合应用为主要方向，通过建筑遗址的保护进行旅游业的开发；同时，发掘有价值的文化艺术元素进行文化的综合应用，利用现代设计手段进行抗倭文化艺术的传承与再造，与当地城市发展融为一体，让这些设计造物走进城市的每个角落，形成城市抗倭文化区和文旅产业链，以抗倭遗址建筑这个点来带动整个城市的文旅发展面，实现传统文化发展的最大经济效益。

### （四）艺术视角与美学需求

抗倭文化作为传统文化的一部分，具有一定的文化艺术审美价值。

文化艺术的美是具有形象性的。抗倭建筑遗址呈现的方式是形象物，从中国古典词汇中可以获知：“形”为事物的外貌，“象”为天象或象征之意。抗倭建筑凝结了明清几代建造匠人的心血和智慧，从形象的角度来讲，它们的存在肯定是美的，符合当时社会的审美需求，很多就是古代美学的经典形象呈现。研究现存的抗倭遗址建筑不难发现，很多做工精美的建筑形制布局、建筑结构、建筑石雕、木雕遗迹、屋顶纹饰等即便应用在现代设计中也非常符合当代人的美学追求。随着信息化时代的到来，技术的融合成为各个领域发展的关键，利用当前的一些科技手段（如信息技术、VR/AR技术、数字扫描技术等）来实现抗倭文化艺术的传承与发展，可能会更符合新时代的人们对于美学的需求。

文化艺术的美是具有情感性的。对审美价值的评价从来不能从某一孤立的角度去看待，需要同社会其他元素联系起来一起审视和利用。每个时代的美学都与该时代的文化和社会发展息息相关，因此抗倭文化的当代传承方式也不应该是单一的，单纯地通过修缮和保护抗倭建筑本体来传播抗倭文化的难度非常大。可以尝试从设计的角度挖掘当前社会的情感价值需求和美学审美特点，利用新技术和新手段，结合现代的设计材料和实现工艺，从看得见的艺术视角建立看不见的情感价值，让人不但身临抗倭遗址，更能从情感上接受抗倭文化中的情感要素和美学要素，用当代的造物设计提升传播效益。

由于人类对于美学的追求无不是在满足物质追求的过程中产生的附带情感体验，因此我们在利用抗倭传统文化进行当代应用时，不能忽视其文化设计的用户本能需求层次，这种本能层次很大一部分是通过设计造物的形态、色彩、肌理、气味或质感呈现的，通过看得见、摸得着的直观感受来建立使用者情感上的认同，从而实现对抗倭文化的反思与价值传播。

## 二、传统文化艺术的当代选择

文化是艺术的母体，艺术是文化呈现的一种方式。传统文化是文化的精髓，而传统文化艺术经历了几百年甚至几千年的历史冲刷，通过实践证明了其价值，传统文化艺术是人类智慧的结晶，需要我们最大限度地利用、传承和发扬。这就要求我们用新时代的眼光和方法去重新审视和看待它们，挖掘优秀的传统文化，并与现代的科学技术相结合和应用。

### （一）思维观念要转变

传统文化是基于物的内涵表现，是在历史长河沉淀下来的古人的物质和精神财富。传统的认知认为："文化"中的"文"是做记号、留标记，而"化"就是演绎、转化和新生的意思。由此可见，古人从一开始就已经理解对于文化的传承和应用之道，我们更应该从思维上转变，用时代的眼光和方式去看待它们。

以往的传统文化艺术研究理念是以美学研究为主，这是远远不够的，特别是在信息化和高科技发展的时代，设计的受众用户群体变大，他们的思想异常开阔，要求也丰富多样，他们对于传统文化的信息传达不仅是视觉上的瞬间感受，更要追求传播媒介的丰富性、独特性和科技性。在传统文化艺术的现代设计中，不仅是复原几个建筑、几幅画、几行字或者几个人物形象，更多的是一种思维模式和设计手法的转变。学习传统，融合现代，应用今天，用现代的设计手法和表现语言，结合一些先进的科学技术去续写传统文化艺术的精髓，是当前文化设计者的主要方向和责任。

### （二）文化创新优于传统拯救

改革开放以来，国家和各级政府对于传统文化遗产的保护越来越重视，若干批历史文化名城、名镇、名村以及文物保护古迹被立项和支持保护。但我们要换位思考，不能单单地以传统的保护和修缮作为唯一的或主要的途径，可以多种措施结合，加大文化设计创新在传统文化艺术保护中的比重，让珍贵的、易于损毁和失传的传统文化艺术走入寻常百姓家，成为文化的常青树。

传统文化艺术的范畴非常广，并不断扩大，像古建筑、古遗址、历史文化街区、古城、古镇、古村、宫殿、庙宇、雕像、器物、书法典籍等都包含在内。这里面有些直接采用保护修缮的传统手段是合适的，例如古城、古镇、古村、建筑等，通过保护和开发，让其发挥文化遗产的作用。但还有一些建筑上的结构、工艺、雕刻、纹饰以及遗留器物等文物，借助文化设计的手段将其活化运用到现代社会生活中，也许是更好的方式。陶艺家做的杯子如果只是用来盛水不漏，那它就只是个生活用品而已，但是如果赋予它传统的纹饰图案，将古人的美学观融入现代器物设计，那么它就不再仅仅是一个喝水的杯子，而上升到了一个文化符号的“道”的价值层面，不但实现了文化设计的物质生活要求，还满足了使用者的精神价值需求，这正是当代设计的最高追求目标。

### （三）传统文化的现代设计手段

我国文化资源丰厚，但文化创意产业发展却相对较慢。如何利用数字化设计等一些现代技术手段演绎历史传统文化，将传统文化与现代艺术、现代技术、现代材料和现代工艺相融合，成为文化产业亟待解决的问题。

从传统文化与现代设计的融合方式来看，可以通过解构与重构统一、形式与功能结合、开发与保护并重三种方式进行文化设计。首先，传统文化艺术源于民间民俗与地域特征，在代代相传的过程中，文化内涵在累积，但表现形式往往呈现出一种相对简单的程式化，因此利用最直接的设计解构方法，将元素形象解构，然后重组，就有利于提取出最直接的传统文化表现形象，让设计焕发传统的精神价值和魅力；其次，传统文化的现代设计往往都要走入受众的生活中，因此我们不能只追求传统文化的形象表现和美学呈现，还要结合设计产品的功能、结构、材料、色彩等进行全方位的功能设计，让文创产品兼具文化表达和物质受用的功能，形式与功能有机结合，满足消费者的物质与精神双重需求；最后，传统的文化艺术保护主要以“博物馆的真空保护”为主，单纯地具有旅游和欣赏功能。用现代设计的手段重新定义传统文化，不但实现了保护，还兼具实际经济效益，符合现代社会的发展现状和未来需求。

从传统文化的现代设计技术来看，可以借助数字化设计、视频拍摄与剪辑、三维动画、数字编程、三维扫描、VR/AR技术、3D打印、元宇宙等新技术，实现传统文化艺术在文创产品、电影电视、动漫动画、文物修复、广告设计、游戏设计、虚拟仿真、包装设计、服装设计、环境设计等众多领域的应用和推广。随着科技的发展，这些设计的手段将更加丰富化，但不管怎样，设计的创新才是第一位的，一个好的设计创新点总是要比使用什么技术手段实现更加富有前景。

## 三、传统文化艺术的现代统计

### （一）DNA 族序统计方法

20世纪50年代，国外一些设计研究者将现代符号学引入设计领域，将符号学理论应用到工业设计、视觉设计、建筑设计、服装设计等方面，最终发展出设计符号学这一学科类型。美国建筑学家文丘里在《建筑的复杂性与矛盾性》中将建筑符号学中的意义视为后现代主义的精神存在；马克思和汉斯等设计团队将产品作为符号设计，将产品的语义指示作为设计流程的第一步。以上国外学者在设计符号学方面的研究和设计实践为抗倭文化艺术的活化方式提供了指导方向。设计符号是一种科学的、日常的符号，是相对独立的，具有很高的审美价值，是设计师总结出来的一种具有情感化的设计语言。设计符号的研究对象不是自然的和现成的，其研究对象往往都是以主题为基础，然后针对某一主题展开元素提取设计（见图3-1）。

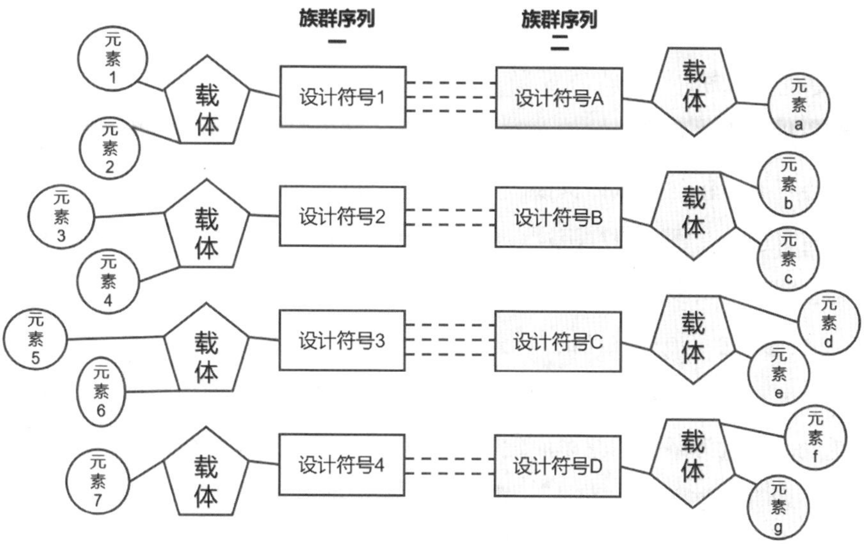


图 3-1　将文化艺术载体设计符号化并进行 DNA 族序归纳

在生物学中，DNA家族序列是指DNA分子可复制性形成稳定的碱基配对双链分子的一组序列，DNA家族序列之间有高度的同源性。种群不同的个体的基因组 DNA 序列也存在差异，通常表现在个体基因的时间或空间上的不同，这些差异会在各自种群群体内通过繁殖、种群大小改变和自然选择在个体中进行传递，从而在某些特征上与其他族群形成差异性的遗传标记来影响后代的繁衍，因此，为了区分不同的DNA族群，可以通过标记一些显性的族群特征来进行分类和区别。在设计学中，通过对设计的元素进行差异化区分，借助DNA家族序列的方法进行特征标记，再以设计符号学的原理对具有同类特征标记的设计元素符号化，形成一支支具有显性主题特征的DNA族序设计符号，DNA族序设计符号种群的形成能帮助我们更好地理解设计对象和需要提取的创新元素，特别是在文化创意设计领域，这种方法优势明显。

### （二）抗倭遗存的艺术 DNA 族序统计

在浙江、福建等东南沿海区域，遗存的抗倭文化古迹不在少数，从文旅发展和民族精神文化传承的角度来讲，摸清具体存在形式，进行分类分级保护和发掘非常有必要。但由于抗倭文化艺术的载体种类繁多，如不对其进行区分和标记，很容易让设计师找不到设计的突破点和重点，也会让后人对这些文化元素产生混淆。借助DNA族序原理，根据抗倭文化艺术的留存载体、使用年代、使用区域、流传形式等不同，进行族序集群整理和归类。

1.建筑艺术族序

建筑艺术族序是以建筑形态、建筑结构、建筑纹饰、建筑作用为标记特征进行的族群归类。包含为取得抗倭战争胜利建立的各种城防、海防前哨、卫所牌楼等抗倭建筑遗址，例如蒲壮卫所、桃渚古城、永昌堡、枫山钟亭以及各种寨墙寨门、纪念祠等，很多已经开发为旅游景点和爱国主义教育基地。为了取得抗倭的胜利，明代建立了很多独特的“海防建筑”，其构筑元素包括水门、防波堤、平浪台、码头、灯楼等海港建筑和雉堞、敌台、水闸、护城河等防御性建筑，在建筑功能上，卫所为御敌和驻军而建；有些城墙还兼顾防洪的作用，选址险峻、城池坚深；还有一些为抚慰将士、鼓舞士气的精神需求而建立的关帝庙、戚继光庙、死难将士庙等与战事有关的神庙建筑。这些建筑的造型艺术多传承了中华的传统建筑形式，但又结合了抗倭的功能和沿海地势而独具一格，建筑结构多以石砖堆砌而成，有的墙壁堡垒用糯米汁调以黄沙、黏土建成，坚固结实，建筑布局形态独特，还有很多特色的纹饰设计。

2.器物形态族序

为了适应不同抗倭战争环境，明代抗倭军队创造了大量专用武器和器具，例如狼筅、燕尾牌、牛皮盔、泥艋马（船）、藤牌、战刀、鸟铳等，还有许多遗存的明代生活器物，凝聚了中华民族的智慧。可以从专制武器、器物两大类进行DNA族序标记分类。另外，根据形态学原理，这些遗存器物的形态构成形式极具艺术色彩，包含了自然形态、人造形态、抽象形态等，以此为DNA细分标记特征，从符号学角度提取其造型艺术的形态语义，为当代设计提供借鉴和参考，传承民族精神文化（见表3-1）。

**表 3-1　抗倭专制武器族序的艺术元素分析**

| 族序 | 名称 | 形态特点 | 艺术元素归类 | 功能 | 图片样式 |
|---|---|---|---|---|---|
| 抗倭武器 | 狼筅 | 竹枝、竹叶形态 | 形态艺术 | 抵挡倭军长刀劈砍 |  |
| | 燕尾牌 | 一人高，宽不到一尺，下部齐平，上部为燕尾状，中间有突起的脊 | 形态艺术、图案艺术 | 专克倭军长刀 | 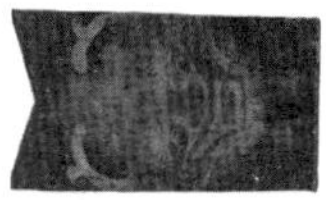 |
| | 藤牌 | 藤制，圆形，中心突向外 | 图案艺术 | 防御 |  |
| | 战刀（苗刀） | 刀身修长如禾苗，一般是五尺制式 | 形态艺术 | 进攻杀敌 |  |
| | 泥艋马（船） | 舟飘极小，略似船形，前有木架，手把木架，一足跪，一足踹海涂，其快如飞 | 结构艺术 | 海滩行军 |  |

3. *书法绘画族序*

明代抗倭战争遗存下来的书法、文书、碑帖等众多，例如戚继光既是军事家又是书法家、诗人，这些经典的文字符号具有很高的传承价值和意义，蕴含着极深的民族情怀。另有一些民间文学（或称为口头文学），主要流传于民间，没有形成正式的文字记载，但具有一定影响力，例如民间诗文、民间传谣、民间故事等。

4. 英雄形象族序

像戚继光、俞大猷、胡宗宪等一代抗倭名将，其英雄故事被广为流传，很多地方建有纪念馆、纪念碑等，这些英雄形象有的记载、绘画于典籍、书画之中，有的流传于民间，还有的已被政府铸像颂扬。发掘这些英雄形象，建议以人物个体为DNA族序分类，标记为英雄人像符号，开发一批旅游文化产品，促进和发展与之相关的当地旅游业。同时，以每个人不同的历史时期的形象和事迹为二级标记特征进行分类，更有助于颂扬这些抗倭英雄的事迹，形成由面到点的宣传效果。

5. 其他文化艺术族序

这类文化艺术较复杂，分布广而散，不易统计，很多已被列入非物质文化遗产项目名录。有传统音乐，例如永昌堡春祭念词、永嘉场鼓板亭等，具有极高的研究和传承价值；有传统舞蹈，例如永昌堡舞龙、拼字龙灯等；有曲艺，包括龙湾鼓词、永强走书、龙湾莲花等；有民间体育，例如温州南拳、平潭藤牌操等，这些遗留的体育文化所蕴含的一些运动形象、人物形象艺术、道具的图形艺术等，也具有极高的研究价值。此外，还有一些传统美术、民间技艺、节庆习俗等。种类和数量众多，大多隐匿于民间，这类多以各自存在的形式进行DNA族序标记，形成音乐类、舞蹈类、体育类、美术类、技艺类、习俗类等DNA族序。

## 四、传统文化艺术的传播媒介

### （一）设计符号及设计符号学

语言是人类社会活动中进行交往交际的工具，而在文化与设计之间，也有一种进行交际沟通的工具，那就是文化艺术的设计符号。根据这种符号的应用特点和技术方法，人们在设计中也形成了一套行之有效的通用技术语言，就是设计符号学。

符号学最初起源于逻辑学和语言学，其实在中国古代的夏商周时代就已经有了符号学的初源，而西方可以追溯到古希腊时代。随着符号学的慢慢演化，符号学被设计学者引入设计中，成为设计师从自然物演化为人造物的中间媒介方法。

相较于传统自然物，设计符号是异常简化的，通过提取参考物并进行简化和演化，从而形成我们需要的设计符号，并在设计中应用。例如，著名设计大师雅各布森设计的天鹅椅，从天鹅展翅飞翔的动作姿态中获得灵感并进行天鹅形态的线条抽取和简化，最终形成经典家具“天鹅椅”的设计杰作。

设计符号学在产品设计中的应用非常广泛，因为它具有清晰的可见性，产品符号能够清晰地传达信息并展现设计造物的美学价值，例如农用拖拉机使用高大的外形和硬朗的车身线条，一些故意刻画的外露结构显得产品稳重、强劲和安全。在文化设计中，设计符号学也被慢慢重视并得到快速发展应用，很多设计师借助设计符号工具进行传统文化的挖掘和艺术元素提取，将传统文化艺术的精华以设计符号的形式呈现，并与一些生活日常用品等的产品设计结合，形成极具特色的文创产品设计，达到文化传播与生活实用的双重目的。

## （二）抗倭文化艺术的设计符号应用

在设计符号的应用中，设计符号必须承载一定的功能性，体现出理性与务实的精神，千万不可仅从好看、美观的角度进行设计。特别是在抗倭这类文化艺术的设计应用中，设计符号要具有很高的情感价值，让人看到符号时就能产生情感的共鸣和反思。

按照设计符号的呈现形式和承载信息，我们可以将其分为形象符号和意向符号两种。

### 1. 形象符号

在抗倭文化艺术的设计应用中，形象符号是比较直接和比较简单直观的设计符号形式，例如表现抗倭文化艺术的图形、文字等，将抗倭遗址建筑、器物等转化为平面图形并进行简化，或将抗倭英雄的雕像形象演化为人物简化图形，或直接应用抗倭英雄遗留下来的书法、绘画等进行文字形象呈现……这些都是有效的展现设计符号的具象提取方式，提取的设计符号直观性强，代表的意义明确。利用这些设计符号再进行设计应用，就得到了我们所需要的文创设计。

我们以国内知名设计公司上海木马工业设计有限公司的“南京园·流沙杯垫”设计为例，这个作品从江南传统的南京园林楼阁建筑中提取设计线条语言，并演化为设计符号，形成杯垫的文创设计形象（见图3-2）。

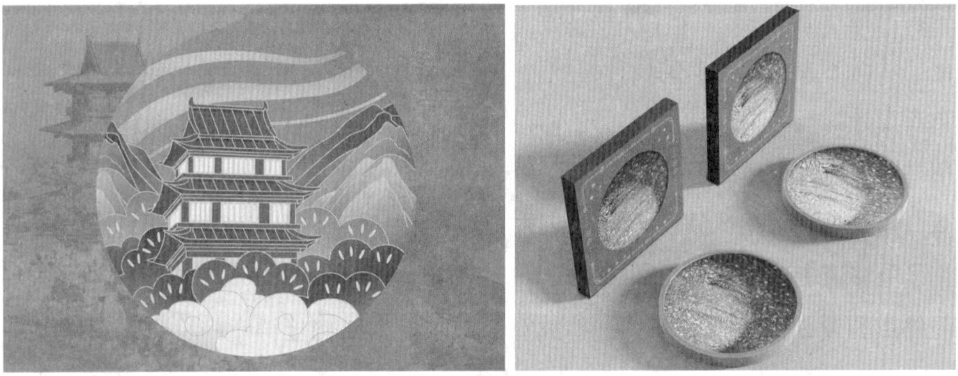

图 3-2　上海木马工业设计有限公司设计的“南京园 · 流沙杯垫”文创设计

2. 意向符号

在文化设计中，意向符号一般主要针对一些抽象的、不善于直接表达的文化艺术，或者具有直接形象但其承载的信息比较隐含或具有一定的抽象性。在表达时主要以单纯的点、线、面等基础视觉元素进行形象表现。像抗倭文化中一些流传的英雄故事或传说，没有具体的形象，但却可以进行抽象的演化；而中国传统图形中寓意富贵、吉祥和权威的神像或神兽形象，或者一些花型纹、鸟纹、鱼纹、卷云纹、莲花纹等吉祥纹饰，具有哲学意味的抽象性，这一类也可以演化为意向符号进行设计应用。这类设计符号最大的应用特点是可以根据设计的需要进行较大幅度的设计演化和形象改变。

抗倭文化艺术设计符号的应用分为设计元素提取—设计符号演化—符号色彩设计—文创设计应用四个过程。在设计符号的应用过程中，可以借助艺术元素的旋转、切割、镜像、抽象等设计手法进行设计符号的演化和处理。总之，利用设计符号学原理可以帮助抗倭遗址实现文化的解读和设计应用，简化设计元素的复杂化，让抗倭文化艺术应用的范围更广、更大，可较大地提升文创设计的文化价值。

# 第四章　遗址建筑的文化设计策略

## 一、什么是文化设计

文化设计，或称为文创设计、文化创意设计、文化创意产品设计，可以从文化和设计两个方面进行解释。

文化是相对于政治、经济而言的第三种人类活动，相比政治、经济而言，文化更多的是体现精神层面的活动和内容，是人的思想和活动现象的总体体现，是高于政治、经济的人的最高层次需求及活动。

设计是一种有目的性的创造性活动，参与设计的人一般称为设计师，其过程不仅需要设计师有着广泛的知识结构，还要对设计知识灵活运用，善于思考，发现规律，形成自身的设计思想和设计观。设计是一项专门的服务性工作，为谋求使用者和生产者双方的利益而对商品或需要设计的“物”进行的外形、功能、包装和使用价值的优选过程。

因此，从文化和设计的概述观念来看，文化设计其实是设计的一种分支，它是以文化传播、创新思维、创新理念为核心，通过挖掘传统的文化要素，并结合传统知识、人的智慧和灵感在特定行业的物化表现，其直接的应用是文化创意产品，也可以拓展至无形的文化“物”上，例如电影、动画等。

文化设计一般是通过分析文化器物本身蕴含的文化属性，来提炼有价值的文化艺术成分，将这些文化属性与现代常见的生活形态形式转化成设计师所需要的文化设计符号，并加以应用推广，传统的文化设计一般直接附着在某些常见生活产品中，例如文创水杯、茶具、食品包装、手机壳、抱枕、服装、包等，而随着科学技术的不断进步，文化设计也慢慢向数字化、虚拟化发展。不管是何种状态，文化设计始终处于社会产业价值链的高端环节。

## 二、遗址建筑文化设计的必要属性

遗址建筑文化设计又是文化设计的分支，其最终归宿是挖掘建筑的文化艺术元素并进行艺术符号设计，最终找一款或几款产品“附着物”相融合，借助产品“附着物”进行文化传播和精神传承，同时实现这些产品的精神价值提升，大大提高产品的附加价值。因此，遗址建筑文创产品的体验价值要求其不仅要实现用户物质层面的需求，更要满足用户精神层面的需求，这就需要在文化设计中，这一类产品要区别于以往的产品特征属性，要以遗址建筑为中心并探寻与建筑相关的周边文化元素，从建筑承载的文化性、地域性、民族性、艺术性、纪念性、经济性和时代性等方面全面考虑。

1. 遗址建筑文化产品的文化性

文化设计属于创意产业，具有很强的人文性，文化设计需要通过设计师的创意思维来实现设计的创意提升，而在创意思维的过程中通过借助创意思维方法来激活情感、激活文化、激活理念，从而在文化设计中注入新的文化、新的情感、新的理念、新的时尚和新的艺术，最终实现附加值提升的目的，推动文化的传播，实现经济效益与社会效益的共同增长，相比普通产品的设计，它对社会效益的追求大于经济效益。

遗址建筑文化设计产品的文化性主要体现在民族精神、历史传统、时代特色、地域特色等精神层面，文化性是遗址建筑文化设计产品的第一属性和核心属性，消费者购买这类文化产品的目的更多的是对于更高层次情感的文化追求和提升生活方式，实现人的品位和价值升华，是一种文化属性附加带来的情感的溢价。遗址建筑文创产品的文化性不是单一存在的，往往与历史、传统、民族、地域等融合在一起，相辅相成，往往是“文化与知识”“文化与历史”“文化与民族”“文化与地域”形成四位一体的综合体现。然而，当代设计仅有文化性是不够的，在遗址建筑文化设计中通过“文化创新”与“技术创新”结合才能更好地体现其设计的文化性层次，才能更好地表现建筑所承载的历史价值、文化价值和艺术价值。

在遗址建筑文化产品设计中，为了“文化”而“文化”的做法不可取，千万不能捏造和篡改文化，一定要实事求是和尊重历史。另外，文化的创新也不一定非得和传统文化相结合，融合多元文化的创造性设计方式是当前文化设计的一种新体现。

2. 遗址建筑文化产品的地域性

深厚底蕴文化的产生往往是经历长时间的积累形成的，通过研究世界历史不难发现，不同地域的文化特征不一样，国与国之间的文化差异更大，这是由于以前的交通不发达，地域间的交流很少，因此形成了地域特征的文化风貌——地域文化。建筑是固定在某一地域环境的固定物，它的建造一定是承载着当地的地域文化和民风民俗。地域文化是以地域为基础，通过历史积累和沉淀，以现实为表象，借助自然物进行传递的人文精神活动的总称。地域文化承载着一个国家、一个民族或一个区域的人们活动的风俗，蕴含着民族哲学、人类艺术、宗教信仰或人文风俗等，例如，中国文化与西方文化、南方文化与北方文化、三国文化、齐鲁文化、荆楚文化等。因此，不同的地域环境必然有不同的文化特征，这就形成了文化的地域性属性，因此在遗址建筑文化产品设计中，地域性属性是不可或缺的考虑因素。

在遗址建筑文化设计中如何考虑地域性呢？一般在设计中，对地域性考虑的主要方法是提取该地域文化与其他文化之间的共性和个性（差异性），通过突出个性特征、弱化共性特征来反映该地域的民俗风貌和风土人情。目前，很多地区的文创产品同质化较为严重，原因就是设计的地域性分析不全面，没有深入挖掘地域的独特人文特征和风俗风貌，仅用表象的文化阐述设计的形式，从而导致设计的失败。

需要注意的是，遗址建筑文化设计的地域性往往与民族性相辅相成，两者经常一同分析，共同应用。

3. 遗址建筑文化产品的民族性

文化设计的本质是为人服务，以人为本是所有设计的根本思想，遗址建筑文化设计也不例外。人是一种群体活动动物，“人”不能离开民族而存在，自古至今，人类的所有活动（包含创造性活动、艺术性活动等）都离不开本土文化，即民族性。以龙为例，中西方对龙的理解差异很大，龙在中国是祥兽，寓意着权力和富贵，中国的龙向来代表着人们对美好生活的向往，是一种精神寄托，从而慢慢形成了中华民族的龙图腾文化，因此，中国的先人工匠经常把龙的形态或以石雕或以木雕或以彩绘纹饰融入建筑中，形成中国特有的建筑艺术形式。西方的“dragon”（龙）一般带有恶毒、凶狠的意味，与东方的祥兽完全不一样。

民族性一般从语言、历史、宗教等方面进行区分，一般来说，民族间的差异性往往来自历史渊源、地域隔绝、人种不同、语言不同、风俗习惯、宗教差异等方面。民族性不同所承载的文化必然不同，在遗址建筑文化设计中，设计师要抓住民族文化的精神内核，不能脱离民族的个性特征，要尊重民族习惯，着重从民俗故事、民风民俗、器物纹饰、建筑形态、服装艺术等方面进行梳理和寻找设计突破点，设计出具有民俗风情的文化设计，更好地传承民族文化，弘扬民族精神。

4. 遗址建筑文化产品的艺术性

设计活动属于人的造物活动，追求美是设计的重要目的之一，在消费活动中，美的设计往往是消费者的第一考虑因素，因此，设计的创作应对设计审美有所展现，而设计的“美”主要从艺术性进行把握。艺术性是指人们反映社会生活和表达思想感情所体现的美好表现程度。艺术性往往在文化领域提到得较多，在日常生活中，艺术性主要呈现为两种形式：设计艺术和音乐艺术。从遗址建筑文化设计的角度来看，艺术性主要表现在通过形态、色彩、光影、布局和对比等表现方式来实现艺术家的审美意境，从而达到所要追求的表现效果。

遗址建筑文化设计的艺术性不单单体现在形态或色彩等外在的内容，还要注重内在精神或内在涵养等方面，注重内外结合，从外在引起消费者的注意，从内在唤起消费者的精神情感和价值情感的升华，使遗址建筑文化设计产品不只是一种使用的“物”，还是一种文化精神的载体。因此，在遗址建筑文化设计中，设计师要充分熟悉材料、工艺，同时结合历史传统、民风民俗、神话传说、书法典籍、生活方式等，从不同角度体现产品独特的艺术审美价值。

5. 遗址建筑文化产品的纪念性

纪念性是遗址建筑文化设计产品的重要作用体现，它是消费者通过借助文化产品对某一人、物、地或事的情感记忆和留念。纪念是人们在现实生活中普遍存在的一种情感感知方式，正是由于纪念这一特征属性，人类才形成了丰富多样的各种文化和文明。在遗址建筑文化设计中，文化产品的作用除了给消费者带来审美愉悦和满足消费者的使用需求，更重要的是它可以帮助消费者回顾历史或纪念以往的活动。纪念性强调的是消费者与被纪念物之间的历史关联性，例如从北京故宫购买的故宫文创钥匙扣，在使用中可以唤起我们对于故宫旅途的回忆……

6. 遗址建筑文化产品的经济性

任何设计活动都应实现设计“物”的价值提升，没有价值的设计都属于失败的设计，遗址建筑文化设计都应该具有较高的性价比，实现原有“物”价值的提升，而提升的部分我们可以称之为“附加价值”。遗址建筑文化设计产品的优势在于通过创意设计活动来赋予产品新的文化内涵，提升产品的体验效果，使产品具有较高的附加价值，实现文化的传播。

遗址建筑文化设计的经济性还需要根据消费群体进行差异化分析和设计，人的消费能力有高有低，单一的产品经济性会缩小产品的购买消费群体，不利于销售。可通过材料的选择、工艺的制造实现价值的差异化，价值高的、经济性好的文化产品用料足、工艺复杂且制作精细，呈现的档次感强；反之亦然。

7. 遗址建筑文化产品的时代性

不同时代的科技水平和物质财富制约着设计文化的物质呈现方式，而且不同时代的人对于“物”的审美也有很大的差异性，例如唐代以胖为美，而现代以瘦为美；在中国古代设计文化中，西汉的设计质朴典雅，六朝的设计自由洒脱，唐代的设计恢宏大气，明清的设计简约精细，这都是源于不同时代的人们对于造物活动的审美理解不同而产生的制造工艺和审美形态上的差异。

随着科技的进步，当代设计呈现数字化、信息化的增强趋势，当代人的审美需求更呈现多样性，与当代人多沟通才能使文化设计不与时代脱节。时代性的对立面是因循守旧，但遗址建筑文化设计的时代性并不是要我们摒弃传统、扔掉宝贵的民族遗产，而是要用现代设计手法重新定义传统文化的艺术，这样才能走近年轻人，让遗址建筑文化设计与时代之间没有鸿沟。

## 三、遗址建筑文化设计的类型

遗址建筑文化设计最重要的是以设计“附着物”的形式呈现，这种“物”可以是实体产品（我们称为遗址建筑文创产品），也可以是某些虚拟的设计。文创产品其实范围很广，没有一个清晰的范围，对于其内涵和外延在学术界也未形成统一的认知。但在某些方面其具有一定的统一性规律，我们可以根据呈现的形式、材料及加工工艺、市场需求、设计的功能等方面来对设计的呈现形式进行分类。

### （一）从设计呈现的形式分类

1. 遗址建筑纪念品设计

现存的遗址建筑往往都会开发成旅游景点，而优秀的旅游纪念品设计不但可以丰富遗址建筑旅游景点的内涵，更能在一定程度上提升景点的级别和旅游层次。遗址建筑旅游纪念品可以满足人们在文化旅游过程中对于建筑文化的深层次感受，实现精神上的娱乐消费目的，让旅游成为一种美好的回忆和怀念。

遗址建筑设计纪念品是指以实物产品呈现，满足消费者旅游过程中的文化感受和精神消费的建筑周边旅游活动产品，使游客在旅游过程中可以购买的便于携带又富有地域特征、民族特征且呈现或承载某一建筑独特艺术特征的商品。遗址建筑纪念品设计的来源素材主要集中在建筑形态、建筑结构、建筑雕绘纹饰等建筑的表象艺术上，当然也可以围绕与建筑有关的名人、器物、故事典籍或书法绘画等方面进行设计艺术元素的提取。随着人们物质生活水平的提高，文旅业火爆的同时，消费者对于此类商品的需求趋势逐年增长，成为未来提升旅游业收入的重要途径。

旅游业发达的景区，其旅游收入的30%（甚至更高）来源于旅游纪念品的销售。以故宫古建筑群为例，在售卖的与故宫建筑及周边艺术相关的文创商品有几百款，种类繁多，琳琅满目，满足不同人群的消费需求。据统计，2019—2022年故宫的旅游年均总收入约20亿元人民币（因受疫情影响，近几年略有收缩），其中，2019年，故宫的门票收入达到了8亿元，文创产品的收入达到了15亿元，可见文创产品设计对于旅游经济构成的重要性。

2.遗址建筑娱乐艺术设计

遗址建筑往往都凝结了古代匠人的心血，建筑的形态、建筑的结构、建筑的色彩、建筑的雕绘纹饰等都是非常有价值的艺术，将其衍生成娱乐艺术设计，会更具有传播性和推广性。娱乐艺术设计也就是文化艺术的衍生品，其不仅局限在实体产品，也可以是影音视频、动画动漫、广告、游戏、故事书籍等形式，这些娱乐艺术设计形式不但可以从虚拟的设计艺术上去传播遗址建筑艺术，也可以发展成实体的文创产品。因此，其设计的价值更高。

遗址建筑娱乐艺术设计的设计元素会高于建筑艺术本身，往往从与建筑有关的人物、故事等方面进行元素提取和设计演化，形成设计的脉络。

2018年，国内互联网巨头腾讯公司提出了“新文创”的概念，其实就是一种“泛娱乐艺术设计”的升级版，这种设计往往以一种设计IP（设计知识版权）为基础，然后再进行设计的拓展和传播，形成文化价值、艺术价值与产业价值的良性互动，这也是现代的电影文化与文创设计紧密结合的原因。例如，迪士尼动画电影《长发公主》（*Tangled*）里的城堡——法国圣米歇尔山，《睡美人》（*Sleeping Beauty*）里的城堡——德国新天鹅城堡，我国光线传媒拍摄的《大鱼海棠》里面的福建永定土楼……建筑艺术为电影、动漫等行业提供了有力的表达途径，影视、动漫等娱乐艺术也给相关衍生文创设计带来了新的机遇和发展良机，而借助影视、动漫、广告、游戏等新的娱乐艺术将成为当今时代遗址建筑文化设计的主流方式。

### （二）从设计的功能分类

遗址建筑文化设计的种类多样，不同种类的设计功能不同，有的用于旅游留念，有的为了朋友间的礼品馈赠，有的具有非常实用的功能，还有的用于公共活动的宣传或公关之用，新时代的消费者需求千差万别，同质化的文创产品会让消费者觉得文化设计不用心或者档次不够、纪念性不强。因此，在设计遗址建筑文化商品上可以从功能的角度出发，根据商品的功能不同，进行创意元素的融合和文化内涵的设计，基于此，遗址建筑文化设计的分类也可以从功能的角度进行归纳。

①生活用品类：水杯、茶具、餐具、厨房用品、手机附属品、汽车附属品、学习用品、节日纪念品等；

②服装设计类：衬衫、T恤、背包、鞋帽、配饰等；

③家具设计类：家具、灯具、装饰品等；

④珠宝设计类：项链、戒指、手链、饰品等；

⑤文学设计类：书籍、故事册、连环画、书法用品等；

⑥游戏及玩具设计类：儿童玩具、益智拼图、益智启发用品、绘画类产品、游戏及周边设计（含手机游戏、PC游戏、掌机游戏、AR/VR、实体游戏……）等；

⑦影视及音乐设计类：MV、广告片、微电影、动画片、动漫人偶开发、音乐单曲、专辑等；

⑧平面设计类：书籍封面、杂志封面、明信片、海报、宣传画册、名片等；

⑨工艺品及其他类：雕塑、雕刻、手工工艺品、书法、绘画及其他具有一定艺术展示价值的工艺品。

### （三）从使用材料及加工工艺分类

任何实体设计和生产都要依托某一种材料实现，材料泛指人们用于设计的物品的原料，是一切人造“物”存在的基础。在遗址建筑文化设计中，凡是最终以实体设计呈现的商品都要使用某种材料作为其设计的基础，材料不同其商品呈现的特性也不同，商品的生产加工工艺、加工时间、加工场地甚至加工成本都不同。设计师要充分熟悉材料的属性，才能充分地发挥材料自身具有的美学特性，并进行遗址建筑文化设计的表现。另外，好的材料设计应用可以给人带来更好的文化情感体验，让文化设计迸发出独特的艺术魅力。

从设计使用的材料来看，我们可以将遗址建筑文化设计分为以下几种。

1. 陶瓷、玻璃类文创产品设计

陶瓷是文创产品设计中广泛使用的一种材料，陶瓷的使用具有几千年的历史，远在远古的新石器时代，我国就有风格朴实、做工粗犷、简单实用的彩陶和黑陶器物出现。陶材与瓷材的材料质地稍有不同，属性差别很大，但由于其制作原料和方式类似，因此统归为一类。陶瓷类文创设计往往具有质高形美、高雅凝重等特点，具有很高的艺术价值和收藏价值，比较常见的有茶具、餐具、摆件、饰品等。

利用陶瓷材料进行文创设计时如何结合遗址建筑的艺术特征呢？其方式还是很多的，例如，可以利用素雅的白瓷设计一套茶具，将遗址建筑中的一些雕刻纹饰艺术融入茶具的纹理设计上，设计出实用性强且具有时代感又不失传统韵味的产品。另外，也可以直接利用陶瓷材料制作建筑雕塑或建筑周边的人偶形象、挂饰等（见图4-1~图4-2）。

图 4-1 扬州瘦西湖文创陶瓷建盏茶杯

（图片来源：瘦西湖游礼文创）

图 4-2　《百年荣光》茶具

玻璃和陶瓷一样，属性较脆，易破碎，硬度较大，但其具有其他材料不能替代的优势，例如透明属性、反光属性、镜面属性等，在遗址建筑文化设计中也被广泛应用。

2. 金属类文创产品设计

金属是人类历史上使用较早的材料之一，从最早的“青铜器时代”到“铁器时代”再到现在的“轻金属时代”，它在表达产品的结构和功能上具有独特的优势，使之成为人类文明不可或缺的材料。金属的表面光泽、表面肌理及表面色彩属性给设计师提供了很好的设计发挥空间。金属材料又分为很多种，像金、银、铁、铜、铬、镍、铝……因此，文创设计师必须充分了解和使用金属材料，才能让文创设计借助材料焕发出不一样的特质。

在文创设计应用中，金属材料的加工方式随着科技的进步在不断变化，从传统的手工艺加工到后来的数控机床加工（金属 CNC 加工），再到现今的快速成型、激光切割、激光雕刻等。金属类遗址建筑文化设计可以从“加法”“减法”“等材”三种方式上实现加工，“加法”指的是增材制造技术，例如 3D 打印技术，适合个性化定制或小批量生产的文创设计；“减法”指的是减材制造技术，以 CNC 加工、激光切割、激光雕刻为主，多适应大批量生产的文创设计；还有不加不减的等材制造技术，例如铸造技术、锻打技术，像龙泉宝剑的加工，一般就属于这种。

遗址建筑文化设计一般通过挖掘建筑的承载历史或与建筑相关的人物进行文

化的提炼，应用金属材料进行特质的展示和还原。以北京洛某某设计公司设计的文创徽章通过金属徽章系列套装来展示景区及周边复古的建筑，最大限度地还原历史印记（见图4-3）。

图 4-3　北京洛某某设计公司设计的文创徽章

3. 塑料类文创产品设计

人类使用塑料材料的历史并不久远，它是近代才被广泛应用的材料。随着时代的发展、科技的进步，塑料已然成为文化设计领域使用最多的一种材料，其拥有易成型、成本低、质量轻、适合批量生产等众多优点，但其呈现的质感一般，档次较低，因此在中低端建筑遗址文化设计中较常见到。

4. 竹木类文创产品设计

古往今来，竹、木设计是无数次沧桑和文化的载体。竹、木材料的设计无论是由其自然质感所形成的亲和力，还是其在多种加工方式中的应用，都能满足人们生理、心理和社会绿色健康时代发展的需要。特别是一些家具类、家居类的文创设计用品应用竹木较多。

竹材料强度高、弹性好，具有较高的抗拉强度和抗压强度；而且生长周期短，成本低廉，本身具有“色”“光”“影”“形”等物理特性，是集力学和美学诸多优势于一体的材料。

木材质感宜人、色彩和肌理丰富、触感柔和且具有一定的芳香。木材又分软木和硬木两种，硬木一般生长周期较慢，例如紫檀木、黄花梨木等，适合高端遗址建筑文化设计，例如高端家具、首饰、文玩等；软木一般生长周期快，适合普通家具和文创设计，另外，一些软木还适合粉碎后做成人造板进行再设计应用。

建筑一般与家具相依而存，很多遗址建筑中仍保存或展示有以前的家具，因此，遗址建筑文化设计中家具设计、家居设计成为设计师不能忽视的设计方向。伴随着人们生活方式的改变和加工技术的多样化，竹木文化设计也越来越多地运用到遗址建筑设计中。

5. 皮革、布艺类文创产品设计

皮革属于高档的天然材料，与硬木材料类似，广泛应用于高端的文化创意设计中。随着科技的发展，皮革也有了真皮和人造皮革两种。牛皮、羊皮等是常见的皮革种类，皮革的类型不同，其应用特点和用途也不同，例如牛皮革面细、强度高，羊皮革轻、薄而软。

布艺的使用历史也非常悠久，从人类有了“遮羞”的意识开始，布艺就成为主要的材料被广泛应用于服装、鞋帽、床上用品、包、玩具和装饰品等。在布艺的使用上，传统工匠艺人还积累了绣花、贴花、挑花等剪纸、刺绣或制作工艺。布艺在营造家居室内装饰上优势明显，因此设计开发遗址建筑文化设计时，可以借助布艺的特点设计一些类似布艺的墙上挂件、布艺装饰、窗帘、服装、鞋帽、服装饰品、汽车附属品等建筑遗址文创产品（见图4-4）。

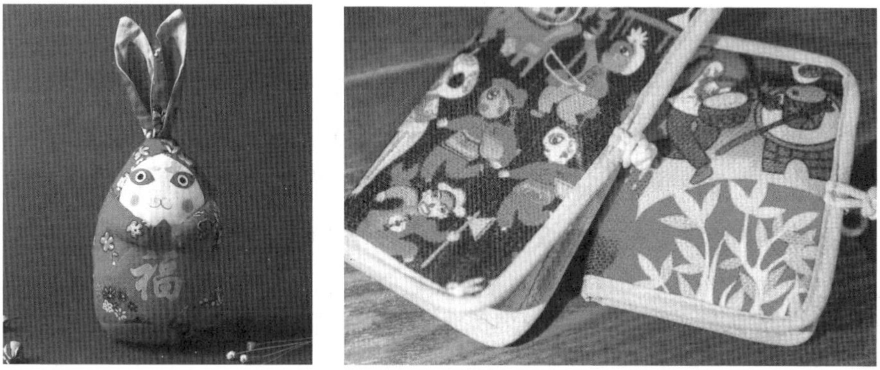


图 4-4　市场上在售卖的萌兔香包挂件和陕北布堆画钱包

## 四、遗址建筑文化设计的创新思维范式

创新是建筑遗址文创设计的核心要义，文创产品是从文化上、内涵上具有一

定创新性的设计商品，而挖掘遗址建筑的文化属性，提炼建筑中的艺术元素并进行创新性转化是遗址建筑文化设计的重要手段，也是其最终目的。如何挖掘提炼建筑遗址的艺术元素？如何在文创设计中创新？需要一套行之有效的方法，而这套方法就是创新思维的方法，创新思维是研究遗址建筑文化设计创新、拓宽文创设计思路的重要突破方式。

### （一）文化设计创新需求的前提

文化设计是人类经济达到一定高度后对于精神追求的必然产物，是与精神文化相互融合、互为彰显的。文化设计必然是历史学、哲学、心理学、文学、艺术学等多学科相互作用的结果，并通过科学和技术手段实现。随着经济水平从追求速度向追求质量的转变，在新时代下，如何适应人民美好生活的需求、创造更多优秀的文化设计商品，成为文化设计界考虑的关键问题。

创新是文化设计的命脉，也是文化发展的原动力，没有创新的文化设计势必会没有发展前景，模仿和复制别人的只能永远走在别人的屁股后面。在当今社会文化交流日益频繁、新的文化形式层出不穷、文化设计相互交融快速发展的开放环境下，文化设计的创新必然要遵照一定的规则才能使文化设计不与时代脱节。因此，实现文化设计的创新必须遵循一定的设计前提。

#### 1. 文化设计要符合国家战略和地区发展的需求

任何文化的发展都是与国家的发展紧密相连的，文化兴，则国运兴！国家强盛需要文化支撑，而文化的发展也要符合国家的战略发展需求。文化的创新是一个民族永葆生命力和富有凝聚力的重要保证。在我国，文化设计产业作为文化产业的其中一环，其发展的目标就是要通过文化的发展实现中国现代化的战略目标，实现中华民族复兴的伟大使命。文化设计作为精神文化的层面不仅是人们在物质生活提高后的简单消费需要，而且关系到一个国家、一个地区或者一个民族的文化和文明水平，是一个民族精神价值与精神风貌的体现，由此可见文化设计创新的重要性。

文化设计创新不是无规可循、无纪可守的，某一国家或地区的文化设计必须遵守这一国家或地区的法律法规和政策制度，在法律法规和政策制度的指导下进行设计创新。文化设计的发展受诸多因素的影响，创新理念和价值提升是其核心要素，在当代中国的文化设计发展中应以社会主义核心价值观为指导，遵循中国国策和各地区的发展需求，以绿色理念、环保理念、共享共融理念、开放包容理念等进行文化设计的深度思考，将传统文化的保护与发展和现代设计结合起来，实现文化强国与民族振兴。

2. 文化设计要符合时代的需求

在互联网信息时代，资源的融合成为各行各业发展的主趋势，文化的设计发展不能局限于某一范畴或者某一领域相对狭窄的封闭思维或设计方式，文化设计与数字技术、信息技术、激光技术、传播技术等高科技结合成为当下发展的潮流，紧跟时代发展的需求是促进文化设计快速发展的技术前提。但文化的发展也要充分考虑外围因素的负面影响，避免新兴技术或新兴事物对于传统文化的破坏，要做到保护与发展并重。

3. 文化设计要符合地域性和民族性的特征

俗话说"一方水土养育一方人"，文化设计是一面镜子，通过设计可以很好地展现一个地区、一个民族的文化内涵。每一个民族都有特定的地理环境和文化传统，也就形成了不同的审美习惯和审美需要，这就是所谓的民族文化，优秀的设计往往会对民族文化有着深刻的理解。不同的地域环境其地理风貌和风俗习惯、生活方式差异很大，形成具有鲜明地域特征的地域文化，脱离地域文化考虑的文化设计会显得大众化，没有特点。

文化设计的灵感和基因是文化的民族性和地域性，民族文化决定了文化设计的基调，地域文化决定了文化设计的文化特征。文化设计缺乏对地域、民族的考虑是一种不负责任的设计态度，每一种文化都具有一定的独特性，文化设计若缺乏地域性和民族性，会导致设计的千篇一律和同质化现象，使得设计失去特色，没有卖点，成为失败的设计。

4. 文化设计要符合消费者的需求

优秀的文化设计的出发点和落脚点都应该是围绕着消费者（用户）的需求，文化设计属于产品设计，但又不同于普通的产品设计，它要满足消费者人性化、个性化和情感化等多方面需求。

一是人性化需求。它是文化设计的中心要素。人是有情感的动物，人的最高层次需求是满足自我实现的价值需求，而文化设计就是人类在实现物质和生理等基本需求后的高层次需求下的产物，人们可以借助文化设计商品进行社会交流，也可以通过它们实现自我价值的体现，满足人们从操作使用到情感交流等各层次的需求。

二是个性化需求。当物质积累达到一定程度，人们的需求会呈现多样化和差异化的趋势，文化商品在满足商品基本使用功能的同时，能更好地标榜个性，体现差异化。相同或者同质化的商品不能满足人们对于高层次需求的追求，因此个性化的文化设计越来越受到消费者的青睐。

三是情感化需求。设计的情感化可以让人与人之间借助设计拉近距离，一旦人对文化设计建立某种“情感联系”，原本没有生命力的产品就能够表现人的情趣和感受，变得栩栩如生，从而使人对该设计产生依恋，对该文化情有独钟。

### （二）文化设计的创新思维

创新思维是思维的一种，根据学界对思维的认知：思维是沿着一定方向的思考，或是有一定顺序的想。它是人脑对客观事物间接的和概括的反映，它既能反映客观世界，又能反作用于客观世界。思维一般包括逻辑思维和创造性思维两种，“逻辑思维”就是一般的、按照一定方向固式的思考或按照一定逻辑程序地去想；相反地，不按照一定方向、一定程序思考的思维，我们称为“创造性思维”，相比而言，后者更能实现创新。作为设计者的思维往往要更倾向于后者，从设计的角度讲，文创设计的思维一般是指创造性思维，又称设计思维，是为寻求未来改进结果的问题或事件提供实用和富有创造性的解决方案，而这种方案的结果就是我们要设计的文创产品。

创新思维要求我们要以超常规甚至反常规的眼界视角和方法去观察处理问题，不是用一般的方法和常规的视角。同时，要提出与众不同的、较以往新颖的解决方案。严格意义上讲，创新思维必须满足以下三点：第一，必须有新的视角或新的观点；第二，提出的解决方案必须是新颖的；第三，通过整个过程提升了人们的主体创新能力和创新认知。如果不符合这三点，这种思维就不能算作创新思维。

文化设计中应用的创新思维方式主要有发散思维、顺向思维、逆向思维、连动思维、仿照思维、虚构思维等。

发散思维又称求异思维，是把问题从一“点”向四周进行“面”的拓展和延伸，是围绕一个问题从不同的角度和方向进行扩散并寻找解决方案的思维方法。

发散思维的关键就是要打破传统的固式思维，改变单一思维模式的弊端，像头脑风暴法、思维导图法等就是此类方法的细分应用。

顺向思维是能够完整地掌握和忠实地传承已有的知识系统，并对该知识系统进行延伸和发展。从这个意义上来说，创新就是从深度和广度方面对某些问题的挖掘和探寻，它讲求的是一定要对原有的知识进行延伸和发展，而顺向性创新思维正是这种沿着问题一直思考的创新思维方式。

逆向思维是多从相反的方向去考虑，逆向思维往往表现为对现存秩序和既有认识的反动。从某种程度上来说，它是对固有的、公认的“真理”大胆的怀疑，也是人类对未知领域的一种追根究底的探索，逆向思维是一种行之有效的科学的思维形式。逆向设计是利用反方向的思维方式，将人的思路引向相反的方向，从常规的设计观念中剥离出来，进行新的创意方式和设计方法。逆向设计往往能取得出其不意的效果。

连动思维是借助已知的知识，由已知探索未知，表现为横向、纵向、顺向、逆向等连动，将各种元素、手段和方法融合利用，从不同层面、不同方向、不同领域多角度思考，寻找最终的解决方案。在现今的新媒体设计、动画故事设计等文化的形态设计中广泛应用，实现这类设计从具象到抽象再到具象的设计串联。

仿照思维在设计中注重文化艺术形态、结构、色彩甚至功能的模仿和再运用，对已有事物进行提炼概括，然后依照自然形态特征，研究开发出既有一定使用价值，又能呈现出自然形态美感和功能的文化商品。这种设计创新思维注重产品设计功能性的仿生，可以从极为普通而平常的生物结构功能上领悟出深刻的功能结构原理，并从生物的结构上、功能上获得直接或间接的形态造型启发，继而对工业产品进行创造性的开发与原创性的设计。仿照设计思维的运用，不但可以创造结构合理、用材恰当、功能完善且兼具美观性的文化商品，而且可以赋予商品以生命的自然形态象征，增进人类与自然的和谐与统一。

虚构思维是由一种以假设开始的思维，以虚构的环境、站在使用者的角度进行设计思考，实现创新。虚构可以从观念切入创意，通过视觉元素间的融合实现创新的差异性，使文化设计不只追求生活的现实性，更能跳过现实，实现未来设计的发展。

## 五、遗址建筑文化设计的原则和方法

### （一）遗址建筑文化设计的原则

1. 以市场性为导向原则

市场导向是文化设计的主要导向依据，脱离市场将面临设计的商品难以卖出，从而导致设计的失败，而进行遗址建筑文化设计时，应该辩证地看待市场导向与遗址建筑文化内涵之间的关系，兼具内涵和市场需求才是文化设计的正确选择。在市场经济环境的作用下，供需平衡是文化产品结构的平衡，一旦遗址建筑文化旅游得到大发展，消费者数量增加、消费需求层级变高，这种结构平衡就会被打破，而提升遗址建筑文化设计的水平是保持这种平衡的重要手段。文化创意市场瞬息万变，消费者的需求决定了市场的导向，研究分析消费需求对提前认知市场变化、提前布局文化设计策略至关重要。对企业而言，能否在文化设计的市场竞争中求得生存和发展关键在于能否适应文化市场的变化，以及适应到什么程度。文化设计企业以市场为导向原则，才能有针对性地布局与遗址建筑有关的文化设计和相关的市场营销活动，占据市场的较大份额，获取丰厚的利润。

2. 以个性化为创新原则

个性化设计实际上就是追求文创商品设计中的差异性，追求个性，标新立异。随着时代的发展和物质生活水平的提升，人们从追求“温饱”走向追求“自我实现的价值需求”，文化设计领域与普通商品还不一样，千篇一律的文化设计商品往往体现不出一个人的“成功”与“价值”，因此，个性化、差异化的文化设计成为当下的设计趋势。

遗址建筑文化设计的个性化追求可以从地域创新、消费群体的差异化创新及材料的差异化创新三个方面实现突破，对消费者差异化细分有利于实现商品的品类多样化和个性化；而材料的差异化可以实现工艺制造的差异和设计品类的细分，同样可以实现遗址建筑的文化设计个性化。例如故宫博物院的故宫建筑雕刻摆件，使用铜材、木材或琉璃等材料，不同的材料彰显的艺术气息不同，不同的消费者可根据个人的艺术认知和喜好挑选，一举多得，实现个性化需求的满足。

3. 以美观性为表现原则

颜值才是设计的“正义”，一些设计优秀、质量好且实用性强的文化设计因为设计缺乏美感而销量一直平淡，甚至很差。好的遗址建筑文化设计不但可以满足人的物质需求，还可以让人从外观上得到美的享受和愉悦。随着物质生活的不断丰富，美观性成为遗址建筑文化设计非常重要的考虑原则，同等质量、同等功能的设计，人们更愿意追求更美的设计商品。

文化设计中的美观性原则是多元的，它受到消费者、商品功能、制造技术、文化传统等多方面的影响。虽然美的标准因文化、地域的差异或许有所不同，但是美的设计，必然是让人心情愉悦，能让人由衷赞叹的，是文化设计最直接的表现原则。

4. 以传承性为转化原则

遗址建筑是古人遗留下的、历经沧桑而又具有历史价值、文化价值和艺术价值的宝贵资源，假如被破坏将不再被人类拥有。对遗址建筑的文化设计其实就是通过设计来宣传和传播传统文化，让这些文化和艺术重新展现，得以传承和铭记。传承文化不代表将这些传统毫无保留地引入我们的生活，习近平总书记在文艺工作座谈会上的讲话指出：传承中华文化，绝不是简单复古，也不是盲目排外，而是古为今用、洋为中用，辩证取舍、推陈出新，摒弃消极因素，继承积极思想，“以古人之规矩，开自己之生面”，在遗址建筑的保护开发中实现中华文化的创造性转化。[①]在众多的遗址建筑中，那些经典的建筑造型艺术、建筑结构、雕刻工艺、花鸟虫兽纹饰等，无不是流淌广远而又包罗万象的精神存在，都是古人的智慧结晶，其意蕴丰厚、更具灵动的艺术表现都是非常好的现代设计元素，值得去传承和发扬光大。

5. 以环保性为效益原则

文化设计的环保性需要融合遗址建筑当地的特点原材料，尽量运用自然的原材料或者能回收利用的原材料，再结合古建筑传统的构造结构，不但可以给回收再利用的原材料出示有实用价值的主要用途，还为遗址建筑文化商品提升了附加价值。另外，环保性的设计原则还需要在保证安全性的前提下，缓解设计包装的复杂性，简化包装的结构，降低资源的消耗。

---

① 习近平：《习近平总书记在文艺工作座谈会上的重要讲话学习读本》，学习出版社，2015。

## （二）遗址建筑文化的设计活化方法

信息化的社会，时代在进步，人的思想也在进步，保护建筑文化遗产已成为共识，但这并不意味着我们要将这些传统的文化全部毫无保留地带入我们的生活，全盘接受也是一种误区，很多遗址建筑适合矗立在原地或变成建筑博物馆受世人参观和瞻仰才是最好的归宿；也有一些适合我们拿来用在文化设计中，通过现代人的提炼、阐述、改造和创新，让建筑的生命力进一步繁衍生息和活力展现。

不同时代的遗留建筑的建造风格有差异，我们要充分激活每个时代建筑艺术富有生命力的表现元素，适当地进行合理的归类和再用。要以建筑为载体建立传统文化与现代社会的连接桥梁，让厚重的传统文化和艺术成为助力人类现代社会前行的有利动力和资源。在对现有建筑遗产资源进行价值评估和分类归纳的基础上，根据整理的文化艺术符号类别，采取相应的设计活化方式。传统遗存的建筑艺术元素种类繁多，以形态艺术、结构艺术、色彩艺术、雕刻艺术、图案艺术居多，根据各个艺术元素的特点采取的设计活化策略各有差异。

第一种方式是原体展示。例如建筑的形态艺术，外观遗存信息丰富，该类元素应该以还原传统文化元素为主，不需要进行更多的“加工”，直接在文创设计中应用，以达到最大的传承价值，例如天坛、大雁塔等建筑工艺摆件的实施案例。还有一些建筑的结构、建筑雕刻、建筑墙壁或门窗、屋顶上的纹饰等，都属于建筑的原体文化艺术。在城市的文旅品牌建构中，遗址建筑作为一个城市的重要物质组成部分，在相当程度上体现着一个城市的历史和文化，现代化的城市建设已经损毁太多的历史遗迹，在文化的传承和观瞻方面是令人痛心的。对已有的传统文化要本着保护优先、科学传承的原则，尽可能保留建筑的原体风貌，展现建筑及周边民俗的原生态形式，留住历史，留住文化，留住“乡愁”，只有这些体现独特传统文化符号的文化遗产才是最纯真、最朴实的艺术表现形式，才是当今人们要追求的“精神记忆”。在这方面，巴黎这座城市所做的就非常值得借鉴，著名作家冯骥才曾感慨：“巴黎的历史感，并不仅仅来自埃菲尔铁塔、凯旋门、卢浮宫和圣母院……巴黎真正的历史感是在城中随处可见的那一片片风光依旧的老街老屋之中。”这正是巴黎这座城市对于建筑原体的保护和展示方式，保护遗产，用最纯真的原体让人们感受历史和艺术。

第二种方式是原体活用。包括建筑本身及周边的有形物质遗存等无法外取和呈现的，以保护、还原、修复进行原体展现；对于可以外取和呈现的遗产遗存，可以借助艺术设计手段进行复刻和提取，将有形的艺术元素转化为文化艺术符号，再在文化设计中呈现。例如建筑的结构工艺、建筑的窗花雕刻工艺、墙绘艺术等，非建筑本体，却是建筑的重要组成部分，又与建筑的历史息息相关的一些文化元素。这一类的设计活化利用可以借助建筑的本体，通过借助建筑建造博物馆、展览馆或陈列馆等形式进行原体展示，让这些文化遗产和文化符号走进这些建筑，与建筑一同展现并进行科学有序的保护。

其实，建筑承载的原体文化艺术是一个庞大的文化符号系统，镌刻着以往的历史记忆和美学烙印，这些其实也可以利用现代科学技术和设计手段进行重新创造和重新阐释，用当代的视野让这些文化艺术符号变成开放的艺术体系，再次回归人们的生活中，并加以利用。例如，通过新媒体设计、动画设计、书籍图书设计或AR/VR等文化设计方式来复原展现、提升价值。

传统器物的形态、结构、功能等都蕴含了古人的智慧（如卯榫结构、建筑的斗拱结构等），对这些形态和功能进行符号学抽取，变用在现代建筑、家具、产品或器物设计中，让传统器物的形态美学、结构、功能继续沿用的同时又传承了文化。

第三种方式是新体活用。文化遗产的类型是非常多样的，建筑是人类活动的场所，建筑的周边隐含着人类活动的方方面面，遗址建筑周边的文化艺术都是宝贵的文化遗产财富。事实上，从《世界遗产名录》的六项标准中我们就可以看出文化遗产的种类以及人们对于这些遗产的认知变化，文化遗产的内涵和外延不断扩展，时间和空间范畴不断扩大，文化遗产其实体现的就是人类以往的文明发展过程，包含了人类创造领域的一切，较有代表性的如书法、诗词歌赋、表演艺术、音乐、流传故事、武术、体育文化、民风民俗……

这类文化艺术属于文化艺术的新体，需要我们的提炼和挖掘，有的已经逝去或仍然遗存在建筑周边。探索这类传统文化艺术的继承和发展无疑是一个漫长而又系统的工程，在保护和利用上要体现整体性、系统性和全面性的思路，一方面可以还原这类遗产的存在形式，另一方面可以让这些传统的文化遗产用现代的呈现方式走入我们的生活，让传统与现代结合，例如将书法等文字符号直接应用在戒尺、扇子、茶具等文创设计上，或将抗倭英雄人像、流传故事、民风民俗活化，演变复制成玩偶、摆件或其他工艺品，将美学与工艺、文化与科技、精神与物质相融合，提升和扩大这些文化的利用价值、普及面和传播性。

第四种方式是新体重塑。建筑遗存文化艺术的新体蕴含着丰富的人文思想、艺术结晶和文化智慧，文化概念的发展离不开这些思想和智慧，高精尖的科技不能取代它们在人类思想中的地位，科技的发展会让人的思想越发变得迷茫，而回归传统，重塑传统文化艺术可以让人的心理变得平静，满足人类高层次心理需求的价值取向。我们可以以设计为媒介进行这些建筑遗存文化艺术新体的重塑，让它们回归生活，脱离建筑原体的承载环境，走出建筑，形成新城市发展中的文化艺术。例如，将福建平潭的藤牌操衍生成一种舞蹈或体育操艺术，走向大众；将传统的音乐艺术与现代音乐结合；将流传的抗倭英雄故事重新编剧，重塑形象，与电影、动画片等新媒体结合……

抗倭遗存建筑文化艺术活化的实施，需要从线性文化遗产角度重新审视和挖掘传统文化艺术的整体价值。首先，建立文化遗存的保护设计导则，并根据不同现状制定相应的保护模式等。其次，以浙江、福建为主向全国铺开进行全面普查，摸清具体的数量和分布，深入系统地研究它们的现状，争取将更多文化和艺术遗存纳入国家和省级文化遗产保护战略。

另外，要建立以核心区域为纽带的广泛的地区融合伙伴关系实现共同管理。以浙江、福建等抗倭遗存较多的区域为例，将各地散落分布的抗倭遗存文化艺术纳入线性文化遗产的统筹规划之中，通过统一的文创设计规划加强景点与景点、景点与线路、景点与环境之间的联系，实现“以点带面、串联为线、主次分明”的活化模式。

# 第五章　抗倭遗址建筑的文化设计活化示例

## 一、台州椒江戚继光祠（设计篇）

为了纪念抗倭战争英雄戚继光，全国有许多地区建造了戚继光祠或戚继光庙来瞻仰和纪念这位伟大的抗倭英雄，很多建筑建造年代久远，有的建造于明末，有的是清朝建造的，都具有极高的保护价值，建筑形态也具有一定的美学价值，建筑的门窗或墙壁上有精美的雕刻或纹饰装饰，这些全国各地的戚继光纪念馆的建筑艺术设计活化方式相似，可以互相借鉴，艺术元素提取和设计应用可以实现统一。

以台州椒江戚继光祠作为设计形象，戚继光祠始建于明代，如今看到的建筑为晚清同治、光绪年间重建，是人们为了纪念戚继光的抗倭功绩所筑建的。纪念馆为以中轴对称的二进式仿古建筑，坐北朝南，占地面积约1700平方米，建筑面积约800平方米。纪念祠的正大门朝南，建筑由照壁、过石壁、石桥、戏台、四柱斗拱飞檐碑亭、前殿、厢房等组成。碑亭的碑背面刻有戚继光和其父的生平事迹；前殿、厢房皆为单檐结构，上有琉璃瓦覆面，脊置六兽；前殿为五开间歇山顶，中轴对称，大殿的飞檐翘角能充分展现它的建筑特色。

目前，台州椒江戚继光祠已被列为浙江省重点文物保护单位。除此之外，全国的戚继光纪念祠有多处，像位于戚继光故里的蓬莱戚继光祠、位于福州市白塔寺的福建戚公祠等，都是为了纪念戚继光的抗倭历史伟绩而建造，都具有极高的文物保护价值。从艺术学角度挖掘内含的艺术元素并加以设计推广，可以让抗倭斗争的英雄事迹和民族故事更好地融入浙江等沿海各地的旅游业开发中，提升当地文化旅游业发展层次，带动文化旅游业周边产品的市场竞争力。

从艺术的角度分析，台州椒江戚继光祠及全国其他地区戚继光纪念馆有一些共性的艺术传承元素，具体归纳见表5-1。

表 5-1 椒江戚继光祠艺术元素归纳统计

| 大类 | 名称 | 特点描述 | DNA 族序细分 | 功 能 |
|---|---|---|---|---|
| 抗倭建筑 | 戚继光祠建筑形态 | 主建筑双层或三层架构，黑灰色琉璃瓦，暗红色墙壁及门窗，屋顶正脊直线，垂脊向上弯曲有一定弧度 | 建筑形态艺术 | 纪念 |
| | 屋脊兽 | 屋顶正脊和垂脊有蟠龙等脊兽 | 形态艺术、雕刻艺术 | 稳固屋脊和瓦垄；引水防水；装饰 |
| | 石刻纹饰或门窗雕饰 | 门窗有花、鸟、龙等雕刻纹饰；<br>护栏石壁、莲花池等有石狮、莲花纹、花鸟纹等雕刻纹饰 | 图案艺术 | 装饰、美观 |
| | 戚继光雕像 | 红色服饰，威严、庄重 | 雕塑艺术 | 供世人瞻仰和传颂 |
| | 戚继光书法 | 戚继光书法造诣极高，行书中带有草书的奔放和大气，点画的打磨精准，字与字首尾呼应十分到位 | 书法绘画艺术 | 供世人瞻仰和传颂 |

根据这些遗存建筑以及建筑内附属物的艺术特点，可以进行艺术元素的提取和设计活化再用，我们以戚继光祠建筑的形态为例，提取建筑形态艺术元素，并进行设计应用如下。

## （一）椒江戚继光祠建筑造型设计符号提取

主要提取建筑正脊平整、侧脊弯曲的大致外形形态，以简洁的艺术线条进行设计符号提取，然后以黑灰为主要的形态设计符号原型，并提取戚继光祠以暗红为主的建筑色彩，最终形成设计的彩色活化原型（见图5-1）。

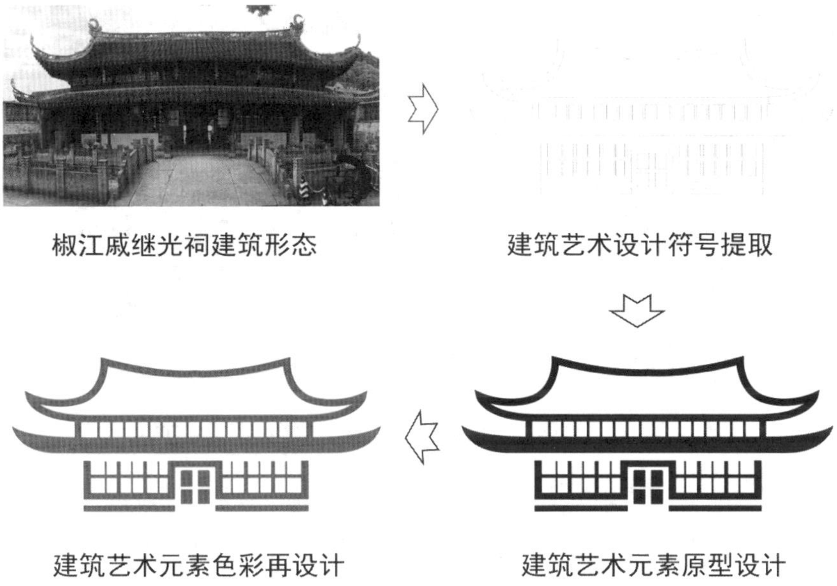


图 5-1　椒江戚继光祠建筑造型设计符号提取过程

## （二）椒江戚继光祠设计符号文创设计应用

以戚继光祠建筑造型艺术为主要设计元素进行设计符号提取后，加以云纹纹饰美化，然后结合当地文化旅游商品的特点进行设计是设计活化的主要途径。其设计的结合产品（又称为设计附着物）可以是较常用的办公用品或者家居日用品，例如信封、手提袋、帆布包、水杯、手机壳、笔记本、笔、日历等，也可以结合当地一些特产或者特产的包装设计进行衍生，例如一些台州嵌糕、红糖烤糖、海苔饼或者茶叶等土特产的包装设计（见图5-2）。

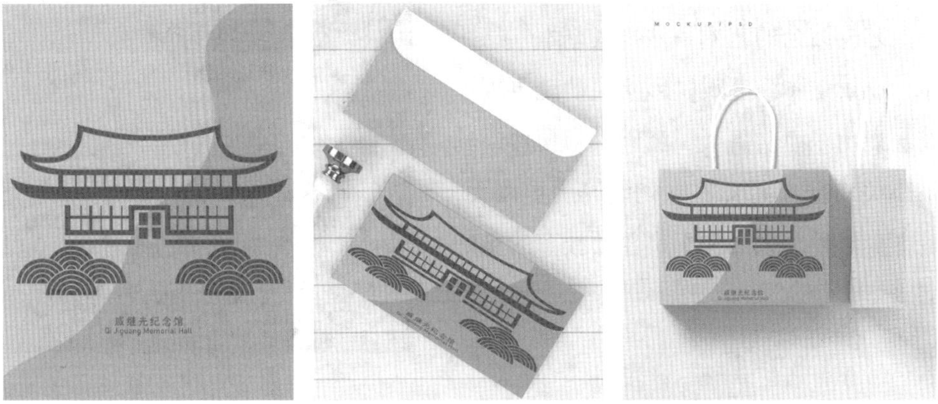

图 5-2　椒江戚继光祠设计符号转化及文创设计活化

图 5-2（续） 椒江戚继光祠设计符号转化及文创设计活化

台州椒江戚继光祠在当地属于知名度一般的旅游景点，通过提升旅游业周边附属的文旅产品的档次有助于促进旅游业的发展，借助这些文旅产品宣传爱国主义，弘扬戚继光抗御外侮的精神，加强国防教育，借以提高和扩大戚继光祠知名度和影响力。

## 二、蓬莱戚继光纪念馆（设计篇）

蓬莱戚继光纪念馆位于戚继光的老家山东省蓬莱市振扬门北侧，与浙江的戚继光纪念馆齐名，方位坐北朝南。整个纪念馆设有展厅，用以展现戚继光保家卫国的民族英雄事迹，采用了壁画、浮雕和泥塑等工艺相结合的艺术手法，其艺术气息明显，场景立体而直观，形象生动地再现了戚继光山东海防备倭、浙闽沿海抗倭、蓟州边关戍守、案头著书立说等历史画面，是青少年爱国主义和军事普及教育的良好基地（见图5-3）。

图 5-3　蓬莱戚继光故里亭阁、勋垂东南牌坊、石牌坊

以石牌坊为例，石牌坊位于戚继光故里的南端牌坊里街，两侧各有一座，都是四柱三门五楼建造形式，上面雕刻精细，东边是母子节孝牌坊，是为了表彰戚继光的祖母和父亲戚景通为母辞官举孝廉而建（见图5-4）。

图 5-4　戚继光故里母子节孝牌坊及石刻艺术

正脊透雕卷草纹和菱形纹，刻有“一鹿有你”和麒麟的形象雕刻。明间雕刻有三层，上层有丹凤朝阳，中层为凤凰卷云，底层为麒麟和凤凰组合的威凤翔麟，三层横坊之间都刻有双钩空心的板题字，用以表彰戚继光祖母和父亲母子节

孝。整个牌坊散发的艺术气息浓厚，威龙、翔凤、麒麟、鹿、飞鸟等动物雕刻形象丰富，花型纹、卷草纹、菱形纹等在以往的建筑雕刻中使用的纹饰雕刻艺术也都被广泛应用，极具观赏价值和传承价值。

## (一)蓬莱戚继光纪念馆建筑造型及牌楼设计符号提取

不同建筑的雕刻艺术往往具有一定的相似性，如果作为文创设计元素的话，其代表性不强，因此，这里以戚继光故里较有代表性的建筑主体形态为艺术提取元素，进行设计符号演化（见图5-5）。

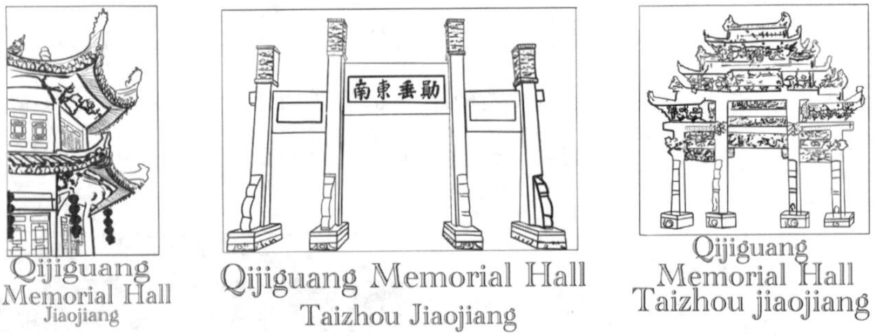


图 5-5 纪念馆建筑造型、勋垂东南牌坊造型、母子节孝牌坊造型艺术元素提取

## (二)蓬莱戚继光纪念馆建筑艺术设计应用

以建筑主体造型进行艺术元素提取并设计符号化后，选取生活中较常见的一些生活物品进行融合，这里以帆布袋进行设计融合，帆布袋在纪念馆及戚继光故里景区免费发放，作为宣传之用。此外，我们也可以用一些茶具、水杯、雨伞、手机壳等常见物品进行设计融合，举一反三（见图5-6）。

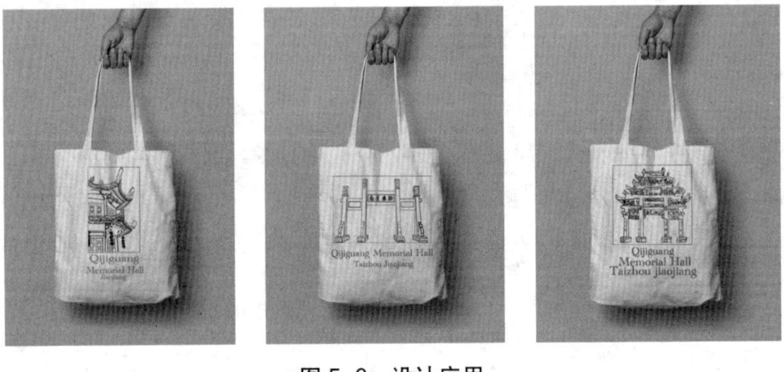

图 5-6 设计应用

## 三、台州临海桃渚古城（设计篇）

### （一）桃渚古城的艺术价值与特色

台州地区现存的抗倭遗址也不少，例如临海古城、桃渚古城等。

临海桃渚古城为千年府治，是融儒学与佛、道等为一体的城市格局。古城始建于晋，扩建于隋唐，戚继光在台州抗倭期间与谭纶一起带领将士大修城墙，并在此以“九战九捷”而扬名。现存的临海古城，靖越、朝天、兴善等城门保存完好，另有敌台、瓮城等建造格局，对于古城格局研究和建筑形态研究具有一定的研究价值（见图5-7）。

**图 5-7 临海古城门及古城墙、瓮城**

桃渚古城是专为抗倭而建，当时的级别属于千户所，是目前国内保存最为完好的明抗倭古城。城内街巷至今仍遗留了明清时期的建筑格局风貌，城内古民居建筑大多为清代时期建造。

临海千佛塔，建于元朝，砖塔六面七级，每面覆满烧制佛像砖，共计1003尊佛像，故称千佛塔。每级连接处仅做三层叠涩，沿袭了唐塔的惯用手法，转角处做倚柱，最上级可见斗拱残件，塔身整体颇为玲珑雅致。千佛塔虽不是抗倭遗址，但也是较有代表性的历史建筑遗迹，又与抗倭古城毗邻，因此可以借助千佛塔的历史价值和艺术价值与临海古城、桃渚古城形成旅游业上的互助互融，形成一体化的文旅产业，因此，这里将临海古城、桃渚古城、千佛塔具有代表性的建筑形态作为艺术元素进行设计符号提取，进行符号演化、色彩设计。

临海古城作为保存较为完好的经典的明代建筑艺术遗迹，其历史价值和艺术价值极高，具体可以分为以下几种。

1. 艺术传承价值

临海古城保存了大量的古建筑与古街巷，并有巾山四塔、文庙、龙兴寺等文物建筑，建筑内遗存有许多价值颇高的非物质文化遗产，其中与城墙历史关系较为密切的有临海古城墙建筑艺术、戚继光抗倭故事和传说等，而且明长城在一定程度上是受了台州府城墙的影响才形成了其后来特有的建筑形制和结构。

2. 建筑构造参考价值

城墙与古城相互依存，符合中国传统建筑风水学思想，其因地制宜、规划布局合理，完整展现了中国封建社会对于府州级城市的传统建造格局和规划思路，是东亚地区典型的古代城市规划和城防建筑的历史代表。

临海古城墙以精湛的建造技术和布局形式创新推动了中国城防建筑防洪和军事功能的完善，台州作为台风侵害较为严重的地区，临海古城城墙经受住了几百年的考验，可见其建造结构之牢固，排水系统之优良。

3. 文化宣传价值

作为抗倭建筑遗迹群，在文旅融合发展的当下，打造临海古城文化旅游区，彰显城市、城墙的文化自信，扩大台州的知名度，对进一步提升台州周边乃至浙江省的经济发展非常有利。戚继光抗倭精神带给人们积极向上的力量，借助古城推广来弘扬中华民族优秀传统文化，可以让更多人了解戚继光抗倭历史。

### （二）临海古城建筑遗址设计符号提取及应用

从抗倭文化艺术元素中分别选取了建筑古迹的典型建筑形态，首先在建筑古迹中提炼出了关于台州临海抗倭古城中的千佛塔、桃渚古城等传统建筑形态艺术元素，临海古城、桃渚古城等古城存留着丰富的抗倭文化和中国传统建筑文化，另外加以暖色系的色彩演化应用，在此基础上结合生活日用品设计进行设计应用，应用设计了一系列文创产品——本子、袋子、盒子、火柴、香薰，之所以选取这类文创产品，是因为这些类目的产品普遍价值不高，更容易被广大消费者接受，而且使用普遍，对于宣传和传承抗倭文化、提高抗倭古城旅游业发展更有利。通过这一系列文创产品的应用，让大家对抗倭历史有更深层次的了解，也让更多的人看到台州临海传统古建筑的美丽（见图5-8~图5-9）。

图 5-8　临海古城门、千佛塔建筑艺术元素设计符号提取与色彩设计

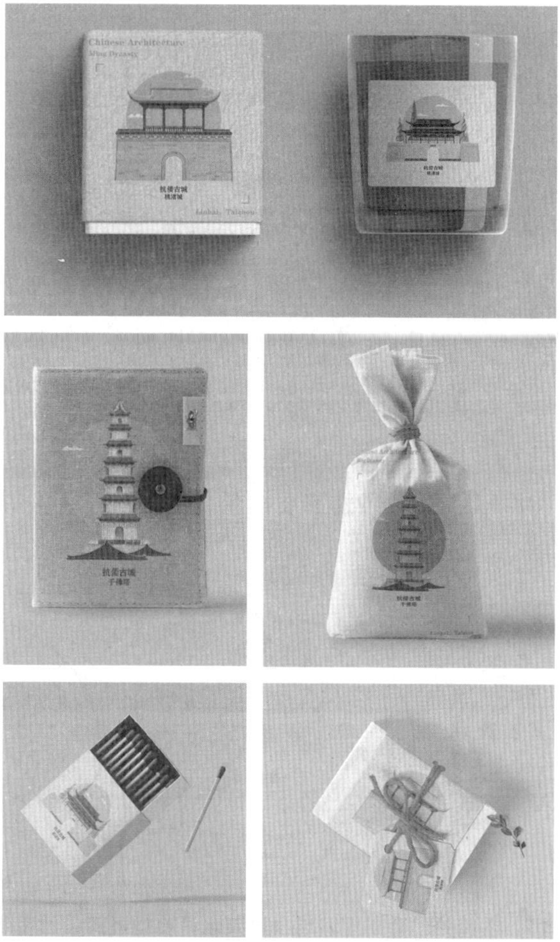

图 5-9　文创设计应用

### （三）“多城互联互助”文化设计应用

在文旅业发展中，一些小城市或不知名景点单一的旅游宣传往往会效果不佳，而多景点联动互助或者多城市联动互助形式的文旅一体化发展将有助于扩大微小景点的知名度，从而形成连锁效应，提升各个景点的人气。

我们以戚继光这一历史抗倭名人为主线，选取与之有关的三个古城：铁铃关、台州府城墙、蓬莱水城，通过统一的艺术元素符号提取进行文化设计应用。

铁铃关：铁铃关由城楼、关台等组成，又称枫桥敌楼，与浒墅关、金阊关并称为苏州“三关”（另外两关已经损毁），是苏州地区遗存的重要的明代抗倭遗址。如今在苏州姑苏城外的铁铃关，仍旧找寻得到戚将军抗倭的很多遗址。

台州府城墙：即临海古城城墙，城墙自古有之，后在嘉靖三十六年（1557年）由戚继光根据抗倭军事防御需要进一步改善临海城墙的防御能力。该城墙兼具御敌和抵御台风洪水的双重作用，建造格局非常科学。

蓬莱水城：明朝时期，在宋代所建的刀鱼寨基础上建成水城，南宽北窄，呈不规则长方形，设有水门、防浪堤、灯塔、城墙、炮台等海港和防御性建筑，是国内现存最完整的古代水军基地。民族英雄戚继光曾在此训练明朝水军。

这三个地点都是戚继光曾经抗倭练兵或者御敌的重要遗址，选择这三个建筑场景，配合抗倭士兵以及武器组合成文创设计的作品。作品可变为组合式立牌，以表达主线人物不管身在何处都要抗倭保卫国家的坚定决心（见图5-10~图5-13）。

图 5-10　铁铃关、台州府城墙、蓬莱水城典型建筑设计符号提取

图 5-11　艺术符号的色彩设计

图 5-12　组合式亚克力立牌

图 5-13　三城抗倭遗迹联动互助文创设计应用

## 四、台州府古城墙（设计篇）

### （一）台州府古城墙的艺术价值与特色

前面讲了临海古城建筑遗址，在临海古城中，台州府城墙作为临海古城的一部分，是一个耀眼的存在，是中国古代府县级城市建筑遗存的代表。台州府古城墙号称江南的八达岭长城，建于东晋，元朝时期台州府古城墙以其防御水患的重要功能免于拆除，是一座具有军事防御与防洪双重功能的府城城墙，历史上也是有名的抗倭建筑遗址，其城墙建筑形式为明长城的修建提供重要参考，因此研究价值极高。

它有两大独特建筑技术与形制特色：一是弧形马面形态，二是双层敌台。台州府古城墙拥有独特的“马面”形态：城墙迎水一面修筑成半圆弧形，保证流水畅通不堵。此外，门台“天窗”“露龈造”技术、砖石全面包砌技术都是当时筑城工艺上的独创，结构合理且创新度非常高。另外，戚继光创造性地修建了13座二层空心敌台，通过双层的建筑形式拓展了城墙内部的使用空间。后来，戚继光将这一创新的空心敌台建筑布局运用于北方长城修建中。

### （二）台州府古城墙文化设计创新思维分析

接下来，从三个角度来进行创新思维分析：文化深度、个性特色、艺术审美。

1.从挖掘文化深度角度

台州府古城墙蕴含的文化因素浓厚，在发掘过程中要注重对文化深度性的探索，不应局限于文化元素的外在形式，更应注重文化元素的内涵属性，充分发掘城墙与文化之间的内在联系，比如建筑结构特征、建筑色彩搭配、历史渊源等。运用现代设计手法深度整合，将文化内涵物化，通过设计造物传达文化的思想，产生“意外有意”“形外有形”的感觉，使文化元素与设计载体浑然一体地结合在一起，最终得到符合现代需求又不失实用性和美感的产品 。

2.从打造个性特色角度

在设计过程中，要注重地域文化的个性特色打造，不能出现与其他区域相似或雷同的文化设计现象。从物质形态和意识形态两个方面探索台州府古城墙的文化内涵，提炼代表台州地域性的古城墙建筑艺术元素或者建筑周边艺术（如历史故事、经典典籍、英雄人物或器物等），打造具有专属地域文化性、独特性和差异性的文创产品，强化文化内涵，提高该区域古城墙文旅品牌的影响力。基于对台州府古城墙的历史发展、建筑形制、文化遗产等的了解，对代表性的城墙艺术元素进行提取和重构，形成一套简洁直观且代表性强的主视觉图形系统，用现代的设计语言传达台州府古城墙的文化底蕴与内涵气质，以此传播抗倭文化。

3.从艺术审美角度来看

构建当代中式的审美，例如构建与建筑有关的人物形象，打造抗倭英雄人物的IP人偶形象艺术，并将其融入文化设计的物化商品中。在色彩上，可以运用一些饱和度较低的红、黄、绿等，或者是传统文化色彩五色：赤、黄、青、白、黑。用传统与现代结合的艺术手法来迎合现代年轻人的生活特性，用轻松、愉悦的方式传播传统文化。只有传统文化结合现代的需求和审美，才能在文化设计中较好地契合当代人的价值取向与消费需求。

## （三）台州府古城墙及周边文化艺术符号提取及设计应用

以台州府古城墙的揽胜门为主要提取元素，其外形高大宏伟，作为城墙的主要元素其代表性较高。首先以揽胜门为原型提取主要轮廓后进行设计符号式简化，形成文化设计符号。因为揽胜门的门身和柱体是采用暗红色的色彩，所以其设计符号的色彩应用采用了介于暗红和大红之间的五色观中的赤色，采用内置留白的设计，用色块填充，让外形成一个城门的造型；为了避免背景白色过于单调，采用了传统文化五色观中的黄色作为背景色，并参考一些城门城墙传统文创设计来装饰城门符号，例如采用一些祥云、红日、连绵不绝的山脉、大雁、鹤等传统艺术附加元素，表现出台州府古城墙的壮观美景。台州府古城墙有百米台阶之名，在城门下画了长长的一段台阶加以完善，形成了以揽胜门为基础打造的“落日飞雁城门”的最终艺术设计符号，作为后期的文化设计应用基础（见图5-14）。

图5-14　台州府城门设计符号提取

单纯的建筑艺术提取会显得单调很多，从建筑遗迹向周边延伸，拓展一些周边艺术并进行设计活化会大大提升文创设计的层次感。这里以戚继光这一民族英雄形象、戚家军等为原型，想象了一个骑着战马在驰骋疆场的将军的形象元素，参照电视剧或影视中战马以及将军的动画图片，创作设计符号线稿，然后在色彩设计上参考历史资料，以及借鉴以戚继光抗倭历史为背景创作的电视剧中的一些形象，明代军队服饰多采用暗红色、绿色、灰色、土黄色等颜色进行搭配，因此这里以比橄榄绿饱和度略低的绿色对人物主体的衣服进行颜色填充，考虑到将军身上的盔甲，于是又采用黑色、灰色进行颜色填充，加上血色宝马，配备稍加装饰的马鞍，创作了“血色驰骋将士”的人偶形象艺术符号，作为与台州府古城墙配合使用的文化设计应用基础（见图5-15）。

**图 5-15　“血色驰骋将士”的人偶形象艺术符号提取**

另外，以戚家军士兵形象为设计元素设计一个生动活泼的戚家军IP人偶形象，通过查阅资料，参考以往设计师的一些设计以及盲盒的一些形象，将戚家军士兵形象设计成身披盔甲或者披风，手拿长矛或者长枪的士兵形象，在IP的头盔上加上了“戚”字，增加戚家军士兵的辨识性。通过设计符号线稿提取，色彩设计上与“血色驰骋将士”人偶形象相似，颜色采用了上面的配色，红色、黄色、绿色、棕色以及灰色，人物表情卡通化、可爱化，萌萌的形象可以更好地吸引年轻人，让人物有种活泼可爱的感觉。最终形成一个“戚家军萌萌士兵”的IP人偶形象，并绘制了背面图，作为与台州府古城墙、“血色驰骋将士”的人偶形象配合使用的文化设计应用基础（见图5-16~图5-19）。

图 5-16 “戚家军萌萌士兵”的 IP 人偶形象艺术符号提取

图 5-17 三款设计符号的文创产品应用（日常家居用品设计）

图 5-18　文创产品应用（贴纸设计）

图 5-19　文创产品应用（玩具设计）

## 五、温州永昌堡（设计篇）

### （一）永昌堡的艺术价值与特色

从历史背景来看，永昌堡是国家重点文物保护单位，是一个拥有500多年历史的明代抗倭卫所城遗址，明代的温州沿海备受倭寇侵犯，所以修建了永昌堡以抗倭，如今的城墙仍留有历史的痕迹，部分残缺，保留有古风古韵。

作为国内保存较为完好的抗倭遗址，永昌堡是一个历史见证，历史的伤痕可以帮我们更好地铭记历史。永昌堡整体呈一个长方形，整座城墙雄伟壮观，现存有状元府第、圣旨门巷、都堂第、世大夫祠、布政司祠、花园古井、大派宗祠、楼下派宗祠等多处古民居、祠堂及多座古桥梁，其中的建筑都很有温派地域的建筑风格，并兼具抗倭斗争的属性，适合进行文创设计元素提取和设计应用，具有较高的艺术研究价值和历史文化价值。

永昌堡的建筑特点总结如下：一是兼具抗倭防御、生产、生活、交通、灌溉于一体和温州人居私家抗倭城堡特点；二是永昌堡作为明代温州地区具有丰厚人文内涵的文化中心，其文化底蕴丰富，很多建筑的细节富含文化艺术元素；三是永昌堡具有明代滨海型浙南水乡的建筑特色（见表5-2）。

**表 5-2　永昌堡建筑艺术价值与特色分析**

| 族序 | 名称 | 形态特点 | 艺术元素归类 | 功能 | 图片样式 |
| --- | --- | --- | --- | --- | --- |
| 抗倭建筑古堡 | 永昌堡城楼 | 中线对称结构，整齐有序 | 建筑形态艺术 | 抵御外敌、防御 |  |
| | 永昌堡正门 | 矩形为主，高大魁梧 | 形态艺术 | 防御、彰显威严 |  |
| | 屋檐脊兽 | 龙、凤、狮等形象，生动形象，雕刻细节丰富 | 形态艺术、图案艺术 | 装饰、吉祥物 |  |
| | 屋檐石刻花纹 | 对称严谨，枝叶、花苞形态 | 图案艺术 | 装饰 |  |
| | 永昌堡土墙 | 由石头、土块叠成的城墙，十分牢固 | 结构艺术 | 防御 |  |

续表

| 族序 | 名称 | 形态特点 | 艺术元素归类 | 功能 | 图片样式 |
|---|---|---|---|---|---|
| 抗倭建筑古堡 | 永昌堡遗留书法 | 苍劲有力，豪放大气，有抵抗倭寇之气势 | 结构艺术、形态艺术 | 装饰、文化传承 |  |

## （二）永昌堡文化设计的创新思维分析

1. 关于建筑遗址造型的设计分析及应用

首先，以永昌堡主体城堡建筑遗址的造型作为设计元素，提取永昌堡的剪影型与基本型等元素，由于永昌堡呈一个中线对称的整体建筑构造，建筑形态美观大气，适合进行艺术元素的勾画，通过勾画建筑形态外观造型，然后在遗迹的剪影形上进行再创作，直接应用于纪念小片、胸针的制作。

同时，在建筑大轮廓上继续添加内容或是进行简化设计，通过对造型的符号化，然后以此造型符号为基础做加法或者减法。例如，可以做个加法在这个剪影的内部添加先辈抗倭的剪纸画风格插画，创造出镂空剪纸、窗花的效果。这种形式的创作可以制作成书签、镂空钢尺或者明信片等纪念品，以这些文化创意产品的设计为当地的旅游事业带来吸引力。除此之外，也可做减法设计成当地特色邮戳等具有纪念意义的文化用品，让游客从永昌堡当地寄出明信片并加盖上特色纪念戳送到各路旅人的手中，极具文化与艺术价值（见图5-20~图5-21）。

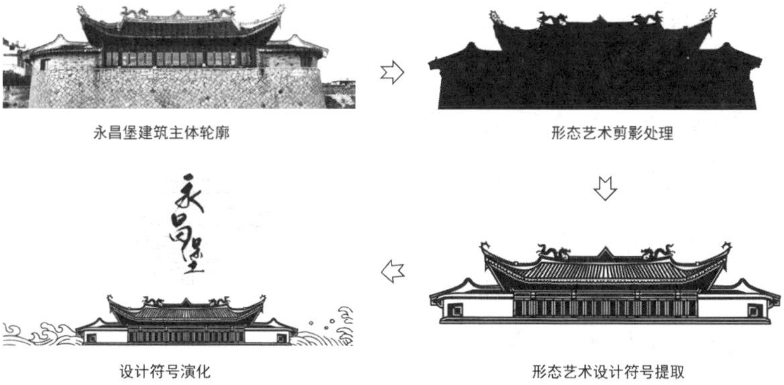


图5-20　永昌堡建筑造型设计符号提取过程

图 5-21 永昌堡文创设计应用 方案一（剪影化文创设计）

2. 关于飞檐脊兽的设计分析及应用

中国的传统文化博大精深，与哲学、艺术自成一家，传统文化思想观念和理念对温州永昌堡有着巨大的影响。永昌堡里面有大量的砖雕图形、砖雕艺术。在中国古建筑的岔脊上，都装饰有一些小兽，这些小兽的排列有着严格的规定，按照建筑等级的高低而有数量的不同，例如故宫太和殿上共有10个脊兽装饰（在中国建筑中数量最多）。这些脊兽不仅仅具有装饰作用，一方面作为祥兽，有镇宅之用；另一方面从建筑结构的角度来看，它有稳固屋脊和瓦垄，让榫卯结构更加稳固，还具有引水防水的作用。

永昌堡古建筑遗址的角檐垂脊上装饰着的飞檐脊兽也具有很高的艺术研究价值，其形象进行卡通化设计并加以符号化，可以作为永昌堡的吉祥物，吉祥物作为一种媒介，能够拉近建筑与人之间的距离，增强消费者的情感接受度，给人以一种亲切感，从而带来更大的传播力和影响力。有趣的IP形象比严肃的标识更容易让人接受，特别是青年人群，更容易接受卡通化的IP形象。如果以飞檐脊兽的形象作为IP形象卡通化、符号化，在科普网页或小程序、视频、小游戏或二维码交互网页上都可以进行文化设计再应用，这是最直接的艺术元素活化方式。这种设计可以为永昌堡古建筑遗址带来更年轻化的客流，用新的方式讲述旧的历史，旅游价值和文化传播价值极高（见表5-3）。

**表 5-3　永昌堡屋檐脊兽及石刻**

| 族序 | 名称 | 形态特点 | 艺术元素归类 | 功能 | 图片样式 |
|---|---|---|---|---|---|
| 抗倭建筑雕刻 | 永昌堡屋顶正脊脊兽 | 凤凰形态，呈一个“U”的形态，前后有刺 | 形态艺术、雕刻艺术 | 祈福镇宅辟邪、装饰、结构加固、防水 |  |
| | 永昌堡大门顶正脊脊兽 | 龙形态，四个位于大门顶两侧 | 形态艺术、雕刻艺术 | 祈福镇宅辟邪、装饰 |  |
| | 永昌堡屋顶正脊脊兽 | 龙形态，呈一个“U”的形态，前后有刺 | 形态艺术、雕刻艺术 | 祈福镇宅辟邪、装饰、结构加固、防水 |  |
| | 石牌坊立梁顶兽 | 石狮形态，共4个，左右对称 | 形态艺术、雕刻艺术 | 装饰、辟邪 |  |
| | 屋顶卷草石刻纹饰 | 卷草型或花纹型 | 形态艺术、雕刻艺术 | 装饰 |  |

## （三）线上价值的发掘与文化设计应用

对永昌堡古建筑遗址的艺术价值提取和再设计利用，可以从旅游、文化和互联网等方面出发，线上线下相结合可以在发展遗迹旅游业的同时推出一些线上的科普网页或小程序、视频、小游戏，让人们可以通过互联网了解到这些遗迹的历史内容；也可以设计一些关于这些古建筑遗址的文创产品，像故宫文创以及大英博物馆等各大博物馆推出的系列周边文旅产品，这些都是很成功的文化设计活化案例。但永昌堡这类的抗倭建筑古堡所蕴含的文化性质与故宫等是不同的，所以应用方式应该随机应变，这些明代卫城遗址所承载的更多是先辈们的付出与家国情怀，在创新与再设计过程中更多的是要体现爱国热情和民族气节。

将抗倭文化艺术融入生活作为主设计理念，通过对历史背景、建筑本身的设计思路分析，选择了纪念明信片、邮戳、钥匙扣、笔记本、书签、镂空珐琅胸针、手机壳、马克杯等产品来进行产品设计（见图5-22）。

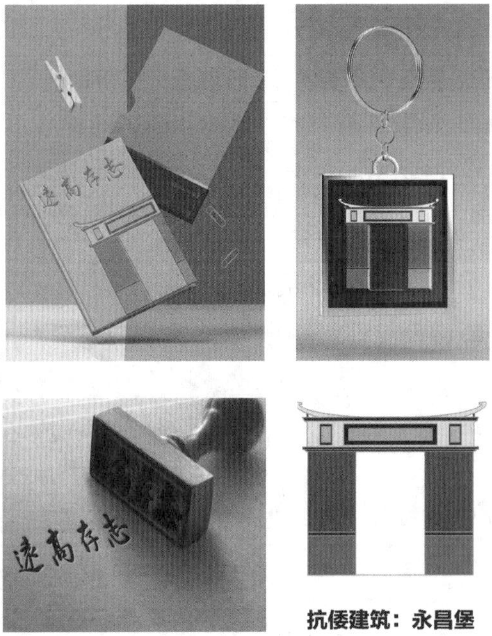


图 5-22　永昌堡文创设计应用　方案二（立体化文创设计）

## 六、温州蒲壮所城（设计篇）

### （一）蒲壮所城的艺术价值与特色分析

将蒲壮所城的历史与文创产品相结合，在蒲壮所城中寻找并提炼艺术元素，可以满足受众对文旅过程中纪念品的需求，使文创产品不仅停留在艺术品阶段，还能真正产生社会效益和经济效益。将蒲壮所城抽象化后再转化成具象、有形的文创产品，其意义已经远超出艺术作品审美的范畴，通过文创设计让更多人认识蒲壮所城，带动所城的文旅业发展。

蒲壮所城是一座保存非常完整的明代沿海抗倭防御体系，由于地处海湾之畔，因潮汐涨落，泥沙淤积，逐渐形成芦苇丛生的海滩。关于其名字的来历，相传千年前，来此定居垦荒的先辈取蒲叶编织为门而得名“蒲门”。蒲壮所城位于温州苍南县，自古便是浙闽沿海通道的转运中心。所城坐落于龙山南麓，依山势而建，呈不规则方形，由一中心所城、三城堡、二寨、二巡检司以及十数个堠、台、墩等主体建筑组成，遗址保存完好，是国内保存最完整的明代抗倭卫所遗址，是研究明代卫所制度的翔实实物遗存。所城外围墙高约五米，均由块石垒砌，内夯实土与碎石，远远望去，宏伟壮观、坚固异常。城墙东、南、西三侧各有一门，且均设有瓮城和城楼，门外的护城河，如今已变成灌溉排水用的河道。城内街巷阡陌、房宅林立，除了相关的重要交通、军事设施，还有名人故居、宫庙祠堂等众多古迹坐落其间，从这些建筑遗迹中不难看出，这里曾是一座饱经风霜的抗倭城堡。

### （二）蒲壮所城文化设计的创新思维分析

1. 所城城门的文化属性

蒲壮所城最有代表性、最能突出所城特点的是它的城门，古朴典雅，爬满的青草和苔藓显示着它的历史和沧桑。如同大多数的防御建筑一样，为了抵抗倭寇的侵袭，城墙用花岗岩严密地垒砌，只留下小小的一道拱门，多年的和平生活让所城从曾经的一个战事建筑慢慢蜕变成了一个文化旅游景点，如今它的作用更多的是观赏和回忆曾经的峥嵘岁月了。虽然闲置多年，城墙上也长满了青苔，却难以掩盖城门的恢宏气势。来过所城的游客会有很多，他们可能不一定能记住所城的每个角落，但对城门一定会印象深刻，毕竟它是进出所城的必经之门，也是所城抵御外侵的价值所在，因此提取城门作为文创设计的主元素之一（见图5-23）。

图 5-23 城门文化设计符号提取过程和色彩设计

2. 传统建筑雕刻艺术的文化属性

所城内的古建筑保存完好的也不在少数，很多建筑房梁、窗户、门、墙壁等都雕刻有精美的木雕或石雕，这些雕刻艺术也是宝贵的非物质文化遗产。这些雕刻艺术让人感到惊艳，都是古代匠人精心雕刻的，一砖一瓦，一木一石，木雕、石雕共同构成了一幅幅具有中国意韵的古画，将以往的抗倭动人故事娓娓道来……

我们以房梁的雕刻为例进行研究，其雕刻装饰风格古朴而独特，也极富情趣和寓意，讲究对称美、均衡美以及波浪美，常给人一种宁静平稳又生动传神的感受。雕刻的形象有人物故事，也有龙、凤、花、鸟等寓意吉祥的动植物和古代传说中的神兽，在匠人们精妙绝伦的雕刻手艺下，这些打开的画卷像是活了一般，一个个传神写照，栩栩如生。龙和凤凰作为高贵、权力的象征，是手工匠人们最喜爱刻画的事物。在我国的历史长河中，无论是哪个朝代都会有它们的身影。挖掘选取所城一些木雕的花纹进行设计符号抽象演变，并与城门的设计符号相结合，以城门为主、木雕花纹为底做成文创设计的艺术元素（见图5-24~图5-25）。

图 5-24　所城建筑中的石雕、木雕艺术

图 5-25　融合所城城门与雕刻艺术的文化设计元素

## （三）蒲壮所城文化设计应用

将蒲壮所城的城门与雕刻艺术元素提取后，与平时最常用的日常用品相结合，比如红包、笔记本、手提袋等。红包是节日较常用的物品，具有喜庆寓意，使用中可以传递蒲壮所城的艺术图案和历史价值，起到了很好的推广宣传作用。笔记本和手提袋则是非常实用，特别在年轻人中特别实用，物美价廉，因此作为文创设计应用也非常合适（见图5-26）。

图 5-26　具有传统属性的红包、手提袋等文创设计

除一些传统的设计应用外，结合当地的食品或特产，可以将蒲壮所城的城门元素与食品外包装相结合，如蛋卷盒、米袋等。可以将当地特产的大米做成小袋真空压缩包装，包装上印上蒲壮所城的城门元素；可以将蒲壮所城的城门元素放在蛋卷盒上，展现当地手工制作的蛋卷，可以边游玩边吃，给游客留下甜蜜的回忆。这些文化设计实用性强且地域宣传价值大大增加，文化的提升势必增加这些旅游周边产品的附加值，对于提升当地旅游周边产业的发展，促进所城内当地居民收入的增加、实现共同富裕非常有帮助（见图5-27）。

**图 5-27　与食品外包装相融合的文创设计**

蒲城原系沿浦湾一角，因潮汐涨落，泥沙淤积，渐成菖蒲、芦苇丛生的海滩。当地有传说在1500多年前，来此搭寮垦荒的先辈们会取蒲叶编织为门而得名“蒲门”。所以如从蒲叶入手，将蒲叶制成茶，不仅能够体现蒲壮所城的特色，而且遵循了因地制宜的原则，就地取材。将提取的蒲壮所城城门与城内木雕艺术放在蒲叶茶的包装上面，具有很高的社会推广价值和经济效益。

## 七、温州蒲壮所城（人偶设计篇）

### 蒲壮所城人偶文化设计的创新思维分析

蒲壮所城的城门建筑外观十分宏伟，为了抵御倭寇入侵全由石头堆砌而成，下面是一个拱门，方便车马、行人通过，往上则是一层阁楼，由一门二窗组成，上面有着复古的中式木质纹路，古色古香，再往上便是古代极具代表性的屋檐，建造得十分精美，中轴对称的建筑形式也使整个建筑端庄又不失威严。

所城抗倭建筑遗址距今久远，与当今社会的年轻人审美有一定的距离感，从年轻化的审美出发，把其独有的元素添加在比较年轻化的、潮流化的载体中，为这座抗倭遗址古城——蒲壮所城设计一个可爱的IP形象，使该遗址伴随着设计变得更加年轻化，加强传统文化的现代传播属性。用可爱的IP形象，吸引更多的游客，以年轻化的方式让更多人了解抗倭文化，了解中华传统历史（见图5-28）。

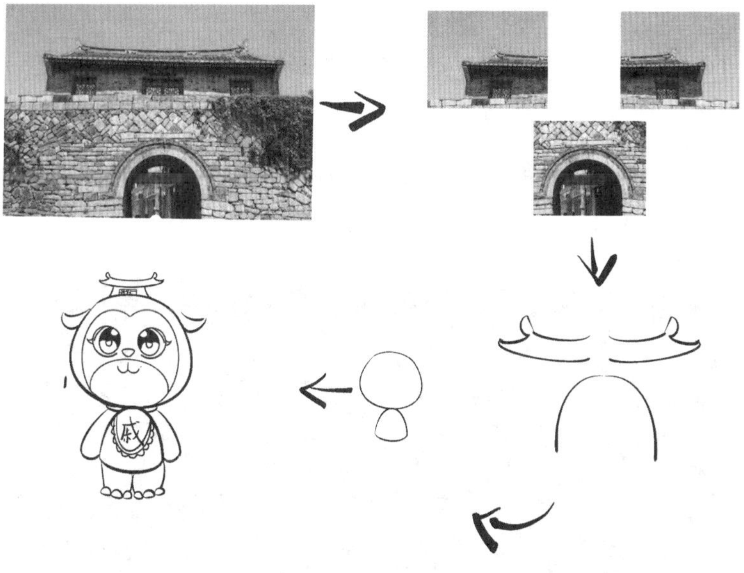


图 5-28　人偶元素的形象演化过程与手绘设计

在设计这个IP形象的时候，将城门屋檐这一元素进行简化，设计成IP人偶头上的头饰，同时将戚家军旗帜上的纹路和“戚”字体作为极具代表性的抗倭标志，应用在IP人偶形象的胸前围巾上，清晰醒目且具有针对性，使IP形象与抗倭主题形成紧密联系。

设计符号线稿完成后，以暖色的粉色和相近色橘色作为主色调，并添加一抹茶绿在其中进行点缀，让整体色系看上去更加和谐。排版所用的背景采用了黑色，主要是为了更好地展现主体物，其次黑色和粉色结合，营造出一种甜酷氛围，可爱又炫酷。作为IP人偶形象，除了形象的设计，还要增加它的具体信息，让形象更为鲜明，更受年轻人的喜爱（见图5-29）。

图 5-29　蒲壮所城 IP 人偶形象设计

根据它的主要形象画出了IP人偶形象的三视图，以视觉方式让这一IP 形象更加立体，细节也更好地展现出来。

单独的IP人偶形象在设计应用中会比较单薄、孤立，而将这孤立的形象通过设计的不同方式做出不同的海报形式，然后再进行文创的应用，会更具有层次感。另外，用单个IP 形象进行复制，逐渐占据整个设计面板，并改变透明度，使其既能做海报又能作为其他设计的背景（见图5-30~图5-32）。

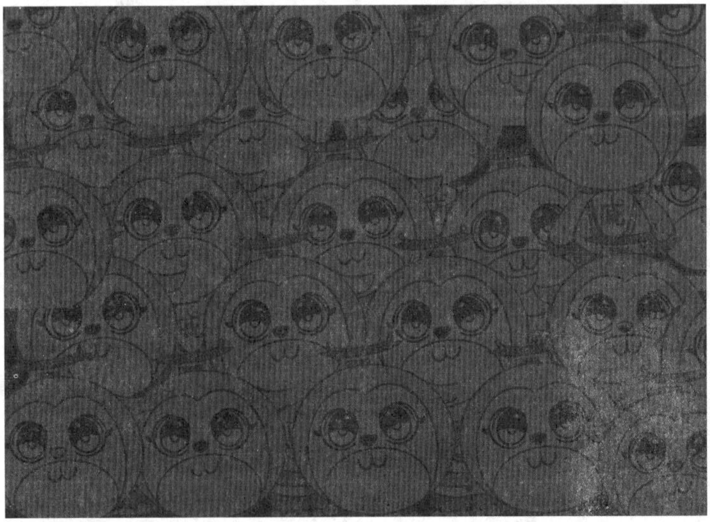

图 5-30　蒲壮所城 IP 人偶形象背景版面设计

图 5-31　书籍封面设计

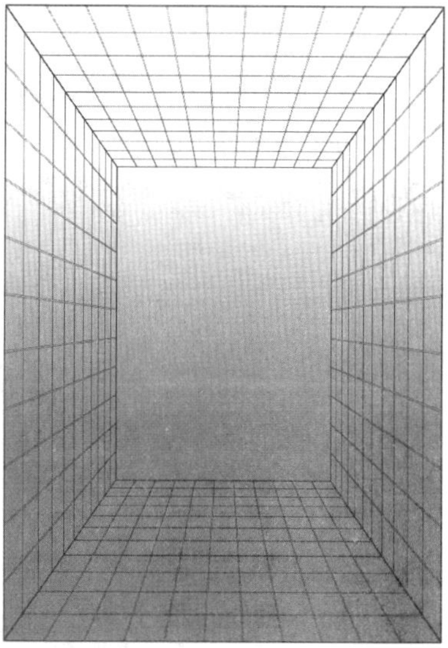

图 5-32　网格化背景设计

单独的IP人偶形象在设计应用中会比较单薄、孤立，不能很好地展现普通抗倭士兵的“众”，因此通过背景的网格化设计，以一个透视网格与渐变为人偶形象的背景，这样的背景不但不会抢占人偶形象的风采，更能突出人偶的形象，同时更具有立体感和科技感，渐变的色彩更是让整体画面更加丰富（见图5-33）。

图 5-33　平面招贴设计

上图为两张拼接的平面招贴设计形式，在排版中将两张海报招贴合在一块，增强海报招贴效果的冲击力。另外，冷色系和暖色系结合的对比效果，让视觉效果更为丰富、强烈。

在文创产品的设计应用上，把这个IP人偶形象设计成现在比较流行的盲盒，并结合暖色系和冷色系的拼接设计进行包装，形成最终的文创盲盒产品。此外，该人偶设计的应用也可以拓展至书籍封面、包装设计或者其他文创产品设计上（见图5-34）。

图 5-34　盲盒设计

## 八、温州蒲壮所城（门神设计篇）

### （一）蒲壮所城门神的艺术价值与特色分析

蒲壮所城是现今保存最完整的抗倭遗址古城，穿梭于大街小巷，城中最吸引人们的便是这里的小巷以及关于小巷的人与事，还有走几步便随处可见的门神。门神本不稀奇，其他地区亦有之，但这里的门神，不管是城隍庙还是纪念馆，抑或居民宅院，通通走卖萌路线，虽然面相严肃威武，可腰部常有个跟人头一般大小的兽头，并不凶恶，反倒可爱，简直像门神怀揣自家萌宠。随着科学技术的发展，伴随着很多古城的便是逝去的昨日的繁华，但是在蒲壮所城这座古老的城里仍然随处可见烟火的气息。

古城中的门神各式各样的都有，但全部萌萌可爱形态，十分惹人喜爱。门神是一种精神的象征，因为当地的居民都十分信仰神明，因此门神这一特色也靠着这些原来居住的居民而得以延续，他们认为门口的门神可以驱邪避鬼，卫家宅，保平安，助功利，降吉祥，也代表了当地人的信念和当地一种独特的文化精神（见图5-35~图5-36）。

图 5-35　结合兔年重新演化设计的萌兔门神和文创设计应用

图 5-36　蒲壮所城门上的门神形象

门神是蒲壮所城的一个极具代表性和非常有特色的形象，也是代表蒲壮所城的一种文化艺术形象，让那些到蒲壮所城参观游玩的人们可以记住这一独具特色的所城形象。将门神的形象提炼出来可以用现代化的设计手段对蒲壮所城的形象进行宣传，不仅可以传承和弘扬中华传统文化，还可以带动当地的旅游业的发展，吸引更多年轻人的关注，毕竟关注和到访抗倭古城或遗迹的年轻人还是太少了。

## （二）蒲壮所城门神文化设计的创新思维分析

对蒲壮所城抗倭建筑进行了调研分析，运用头脑风暴思维导图法对古城元素进行分析，分别从人物特色、风景、建筑、美食四个角度进行分析，然后再从头脑风暴中寻找极具代表性以及特色的东西进行调研分析，寻找合适的“门神”形象进行创作，并将蒲壮所城门神的可爱形象进行放大，将呆板、严肃且凶悍的传统门神形象进行修改，变成一个可爱的卡通门神IP形象，并进行商业设计应用（见图5-37）。

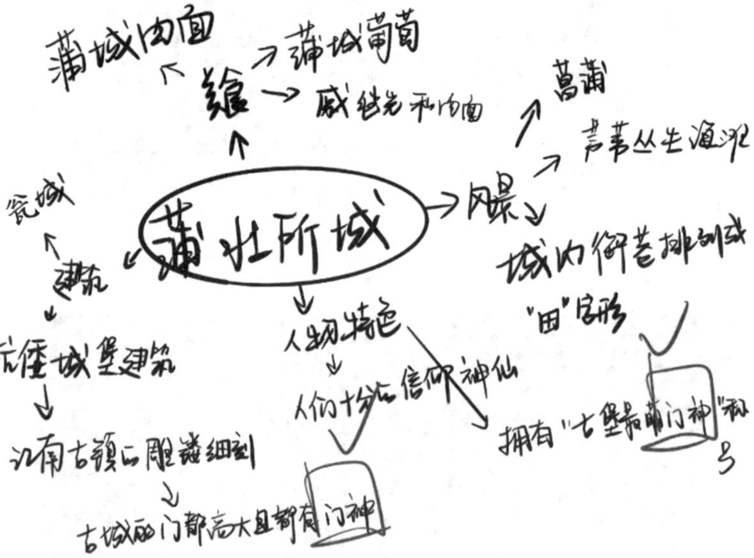


图 5-37　艺术元素的提取过程与头脑风暴

从艺术价值上看，门神可以作为蒲城当地的一个特色形象，将其作为一种代表，利用现在的审美进行IP形象设计，做成立体形象，并衍生应用到周边文旅产品，使古代文化被年轻人喜爱和接受，愿意去花时间了解，从而带动当地经济。利用门神形象带动当地旅游热度，并将设计衍生到周边产业，围绕蒲城展开一系列的商业文化开发，开设门神周边产品商店，实现其商业价值，带动当地经济的发展（见图5-38）。

蒲壮所城门神　　门神IP形象元素提取　　门神元素色彩再设计

图 5-38　门神形象的提取和设计符号演化过程

摒弃传统博物馆式的设计应用方式，将当地文化和现代技术相结合，将“兔门神”做成新时代特色博物馆，兔年设计成“兔门神”，兔门神没有传统门神的严肃威武，它有的是可爱的外表形象和美好的寓意。门神是当地人精神信仰中一个神圣的象征，将兔子门神的IP形象赋予该精神信仰，相信它也可以给蒲壮所城的人们带来幸运，也可以和门神一样驱除邪气，保平安。在兔门神基础上结合十二生肖衍生成“十二生肖门神”系列，避免单一门神形象过时、过气，实现门神新设计形象的丰富化、多彩化，各具自己独特的形象魅力和艺术魅力，吸引许许多多的游客和艺术创造者前来游玩创作。同时，可以融入VR、3D等技术，将传统文化与现代技术相结合，增强趣味性。用现代科技的手段进一步传承中华优秀传统文化。

## （三）蒲壮所城文化设计应用

门神的形象将我们中华民族的传统文化与现代化的科技手段相结合，用现在社会的年轻人以及青少年比较喜爱的方式将门神做成一个立体的3D的卡通人物形象，以一种比较可爱的方法呈现在大众的面前，一改以往的凶神恶煞、高大严肃的门神形象。将门神与我们生活中最常见的生肖相结合，不仅可以跟上时代最新的潮流，还可以将一种全新的门神的形象展现出来。而这些新形象不仅可以代表蒲壮所城抗倭建筑遗址的一个卡通形象，还可以进一步用新型的方式宣扬我们的传统文化。卡通的IP形象既结合年轻人喜欢的方式吸引顾客，又吸引了小孩子。IP形象中还带有我们中华民族的传统服饰，也从另一个角度吸引了老年人的兴趣。

将门神的IP形象应用到我们生活中的日历，兔年新年产品的礼品盒、扇子、便签、贺卡、红包以及洗面奶和包装盒上面（见图5-39~图5-40）。

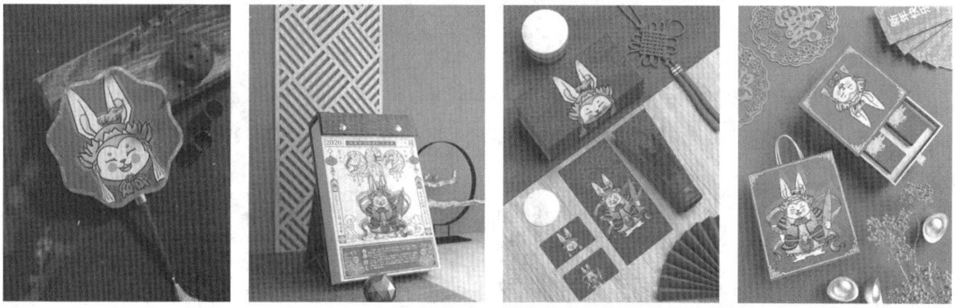

图 5-39　设计应用

图 5-40　设计应用——挂历

## 九、宁波镇海招宝山（“鳌柱插天”设计篇）

### （一）招宝山的艺术价值与特色分析

招宝山是宁波市十大风景游览区之一，是宁波市集自然风光、人文景观、宗教文化于一体的综合性游览区，也是镇海口抗倭海防遗址的重要组成部分。是镇海地区重要的关隘和海防要塞，素有“浙东门户”之称。

文化创意产品的设计应该是标新立异的，是求同存异的，通过文化设计来传承和颂扬历史。抗倭建筑遗址文化艺术设计一定要保留抗倭建筑的特色和文化特点，要能让消费者通过文创产品去探索抗倭文化和体验抗倭文化的精神。设计者在设计抗倭建筑文创产品时，应将建筑的特点通过移植、再现、提取、转换的设计方法，用合理的设计将文化或者相关元素转化为富于艺术性、文化性、创新性的文创产品，传承和发扬抗倭文化（见图5-41）。

图 5-41　招宝山主要的景点和建筑遗迹

图 5-41（续）　招宝山主要的景点和建筑遗迹

招宝山作为散落在民间的建筑遗址，通过对其历史和现状的了解，对抗倭建筑招宝山的艺术价值与特色进行分析。

招宝山，山势险峻，景色秀丽，寓有“招财进宝”之意，地处镇海关隘、海防要塞，是集海天风光、人文景观、海防遗址、宗教文化、状元文化及院士文化于一体的综合性游览景区。有名的景点包括镇海口海防历史遗迹纪念馆、山下集珍湖区、鳌柱塔、宝陀寺、观音阁、招宝山大桥、古海塘、望海楼等景点，像“鳌柱插天”“千帆破浪”“蜃楼现幻”“山楼观旭”“龙洞出云”“梵台秋月”等风景点组成招宝山十二景，在当地都有一定的知名度。

从文化创意设计的角度分析，挖掘招宝山典型且有特点的建筑遗迹，可以利用其标志性建筑七层八角的“鳌柱塔”，结合宁波沿海区域文化特色赋予文化创意设计的创造性和生命力，使设计在充分体现地域文化元素和传统建筑构造元素的同时，融入传统文化艺术，在“形”“色”上进行创作和应用，打造独具特色的塔类建筑文创IP艺术符号。

## （二）招宝山“鳌柱插天”文化设计符号提取

选择以“招宝山”和“鳌柱塔”为主要设计对象，进行抗倭文化艺术元素的设计符号提取。设计灵感主要源于当地的特色文化资源，如最具代表性的特殊建筑、山水人情等，应注重提炼抗倭建筑的结构形式和艺术精华，再将其进行重组并融入文创产品的设计。

鳌柱塔即“鳌柱插天”，是招宝山十二景之一，坐落在招宝山北峰顶，为仿宋建筑，钢筋混凝土框架结构，锚岩桩基础，塔身为七层八角，塔顶为青铜塔刹顶，塔内设有步行步阶。

提取设计的关键词，分别是"仿宋建筑""七层八角""青铜塔刹顶"。基于典型的建筑结构特点，从"鳌柱塔"的"形"出发绘制基础的设计符号线稿（见图5-42）。

首先，选取正面视角进行绘制，并将原有复杂的造型和轮廓加以简化、重构，抓住七层与塔角的显著特征着重绘画，得到一个简单明了的"鳌柱塔设计符号"线稿。

图 5-42　鳌柱塔设计符号提取

其次，因为鳌柱塔坐落在招宝山中，为了增加设计符号的层次感，提取"招宝山"的"山形"设计元素，选取正视的视角进行线稿的绘制，绘制四座大小高低各不相同的四座山，体现群山围绕，为了显示出"鳌柱插天"的感觉，对招宝山的山形加以夸张化，加以经典的传统纹饰"云纹"作为装饰元素，起到锦上添花的作用（见图5-43）。

图 5-43　鳌柱塔辅助设计符号提取

最后，为增加设计的辨识性，从“招宝山”三个字考虑，以隶书书法生成仿制印章的“招宝山”印章设计元素，为整体设计添加一抹小巧思。

文创产品创新设计讲究的是创新性，随着人们审美观念的不断转变，对文创产品设计各方面的要求也不断提升，在这种情况下，文创产品的设计要灵活运用各方面设计元素，深挖各种主题，以独具特色的视角挖掘抗倭建筑艺术内涵，设计出符合区域特色，引发人们情感共鸣，获得消费者认可的创新产品。

色彩作为最容易抓住人注意力的设计元素之一，不同的色彩给人不同的视觉体验，也使作品呈现不同的想象力和创造力。根据文创产品的设计功能和意图，结合区域文化特色选择不同的色彩，赋予作品创造性和生命力，使作品在充分体现设计者的设计风格的同时，融入传统文化，打造独具特色的文创产品。

将以上所述的各种设计符号元素组合起来，运用新中式的设计手法，彰显招宝山鳌柱塔的文化、体现“鳌柱插天”的震撼和独特性。山体的高低起伏与周边的云雾缭绕，显露出抗倭遗存古建筑的文化内容。

原“鳌柱塔”的配色主要以红白黑为主，为了设计的美观与后续搭配的和谐性，保留原有的红色，更加醒目的同时，凸显出鳌柱塔的庄严和古老的文化感。用黄色代替原来的白色，之后又用黑色作为阴影，符合构图的需求，做到层次分明，具有空间感。整体的暖色系，在庄重的同时又不失俏皮，给人以温暖柔和的感觉。让人身临其境地去感受鳌柱塔带来的视觉冲击，突出文化的包容性和广阔性（见图5-44）。

**图 5-44　“鳌柱塔”和山的设计符号色彩设计**

在山体色彩的搭配上，主体“山”运用层次渐变的手法进行填充，以此来拉开山与山的层次，达到立体感的效果，入调的颜色带来一种和谐、朦胧的美感，以一种平静、温柔的色彩，营造出一种平和自持、舒缓雅致、温暖温馨的氛围感，并且材质笔刷的装饰，又增加画面整体的质感。祥云的颜色则是采用了稳妥的黄白色，以低饱和、宁静舒缓色调为特点，既美观又不容易出错，就像历史沉淀下的鳌柱塔具有的独特的文化内涵和韵味。

最后，选择了合适的字体，在合适的位置上添加“鳌柱塔”文字，并在文字的左侧方缀印章，使得画面趋于完整、和谐（见图5-45）。

图 5-45 “鳌柱插天”文化设计符号

## （三）招宝山“鳌柱插天”文化设计应用

一个优秀的文创作品，不仅在设计上是符合消费者需求的，在图案的选择上是符合产品需求的，同样在色彩的选择上也要能突出文创作品的特色和特点，它的各个元素之间是相互促进的关系。以色彩为例，合适的色彩搭配，能使整个作品更加和谐，更彰显个性，同时使作品更符合消费群体的需求特点。能够更为直观地表达出产品的区域特征和文化特性，提升产品的美学价值。

“招宝山・鳌柱塔”是从鳌柱塔的形色入手，融合招宝山的山水所设计开发的，选用的是以鳌柱塔为原型设计的矢量图形，设计风格简单明了、清晰准确。在色彩的选择上也主要以红、白、黄、蓝为主，颜色鲜艳明亮，给人一种光明、温和、温暖的感觉，整个文创作品既寓意着吉祥，又贴合受众需求。既保留了区域特色，又赋予了其新的创造力，使产品彰显地域性和文化性。

从设计的基础图样出发，同时考虑到实用性与趣味性，衍生出了以下几样文创产品，分别是金属徽章、异形明信片、手机壳、眼影盘、红包（见图5-46）。

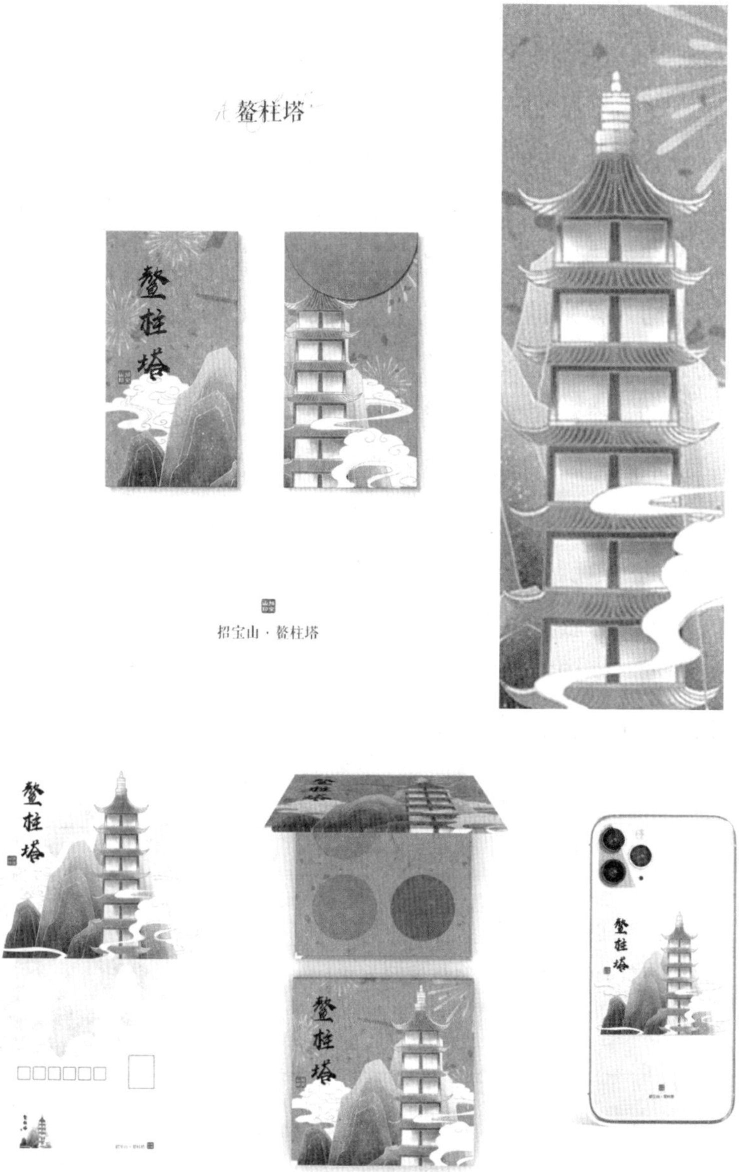


图 5-46　“鳌柱插天”文创产品设计应用

## 十、宁波镇海招宝山（“鳌柱”塔形设计篇）

文化是无形的，又是有形的，更是感人的，当一座几百年前的建筑立于眼前，古今两相静默之间传递出的是中华儿女英勇抗击外来侵略、不怕牺牲的大无畏精神。保护这些抗倭建筑遗迹的目的就是让游人在此观光游览、享受自然风光的同时，也感怀着沧桑的历史情怀和民族大义。招宝山作为抗倭建筑遗迹群，其中的特色之处体现在它是抗倭时期留下的建筑遗址，遗存建筑多，以鳌柱塔为代表，经过抗倭战争和岁月的洗礼依旧挺立在群山之巅。

抗倭战争是为了保护百姓安宁展开的一系列抵御倭寇入侵的战争，倭寇好比巨兽，鳌柱就如抗倭英雄，“鳌”字有着节节高升、勇夺桂冠的寓意和象征，“柱”喻指负担着重大责任或者挑大梁，代指那些曾经留下血汗的抗倭英雄们，也正是他们的努力才换来得之不易的太平。历史上的鳌柱塔是为宗教用途所建，它的建造目的是用于镇压东海上经常兴风作浪的“鳌”，后来慢慢变成招宝山抗倭遗迹建筑之中的一个标志性建筑。鳌柱塔坐落在山峰之中，鳌柱一共有六层，和其他的塔建筑基本相同，拥有传统塔式建筑中的结构之美，塔身对称。

“鳌柱”塔形文化设计符合的创新之处在于将抗倭遗存建筑与神话传说故事结合起来。鳌是龙与龟所生的儿子，又叫作霸下、赑屃，传说龙生九子，鳌外形似龟，龙头龙尾龟身，善驮重物，多用以驮负碑础。古人为给死后的帝王圣贤树碑立传，歌功颂德，常用巨大的石碑立于赑屃背上，意在依靠它的神力，可以经久不衰，千秋永存（见表5-4）。

**表 5-4 招宝山艺术元素分析**

| 族序 | 名称 | 形态特点 | 艺术元素归类 | 功能 | 图片样式 |
|---|---|---|---|---|---|
| 抗倭建筑 | 招宝山鳌柱塔 | 仿宋建筑、七层八角、青铜塔刹顶 | 佛教建筑艺术 | 祈愿、宗教活动 |  |
| | 霸下 | 龙龟形态，做碑座，俗称“神龟驮碑” | 雕刻艺术 | 神话传说、福兽、图腾崇拜 |  |

## （一）招宝山“鳌柱”塔形文化设计符号提取

第一步，先以简单的线条勾勒出鳌柱的雏形，将它简化提取出抗倭建筑的设计符号，简单的线条要突出建筑的结构特点，方能让人从中感受出鳌柱的气派辉煌，从而体现出鳌柱经过抗倭战争和岁月的洗礼依旧挺立在群山之巅的气势。将整个鳌柱原样提取再将它变为设计艺术元素，省略一些不必要的细节和色彩，设计符号提取过程中将线条简洁化，只留下了一个能体现结构特点的大致轮廓（见图5-47）。

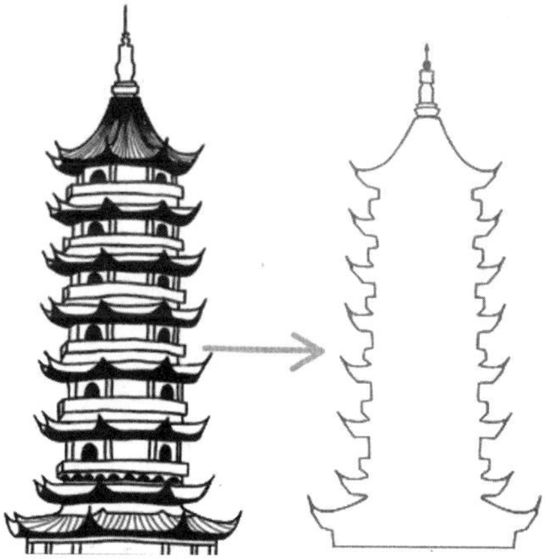

图 5-47　塔形设计符号提取

第二步，将设计符号线稿进行再设计，加入更多的元素，将设计符号进行细节丰富和色彩添加，制作成文创产品的设计应用符号。整个设计将招宝山与鳌相结合，巨大的塔立于鳌背上表示其中蕴含着特别深意，再利用鳌柱青铜塔刹顶，得到最终的设计符号图标（见图5-48）。

图 5-48　“鳌柱”塔形设计符号

### （二）招宝山“鳌柱”塔形文创设计应用

将“鳌柱”塔形设计符号图标应用于笔记本、U盘、一次性纸杯、帆布袋、T-shirt服装等常用家居用品设计上，这些常见的物品实用性强，与景区周边销售店进行合作可以大大丰富景区的文化旅游内涵，提升景区知名度和影响力（见图5-49）。

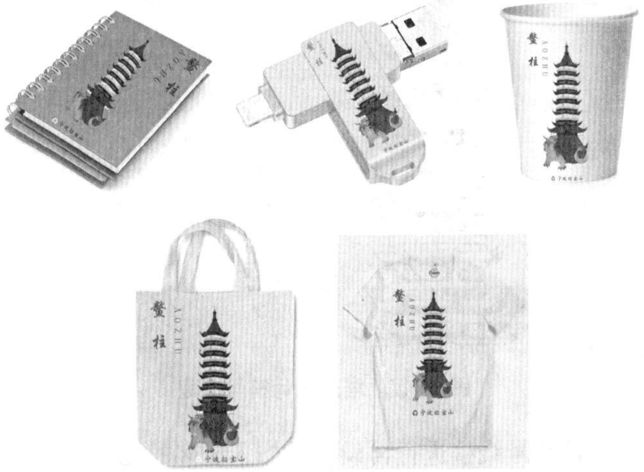

图 5-49　“鳌柱”塔形文创产品设计应用

## 十一、阳江双鱼古城（设计篇）

双鱼古城是广东地区典型的明代抗倭建筑遗址古城，这些遗址建筑中含有丰富的文化内涵与艺术价值，同时还有抗倭英雄的民族大义。面对散落在民间的建筑遗址以及其还未被充分挖掘的现状，设计师有必要用创新的思维、从文化艺术的角度思考出未来应怎样将其进行充分利用与再设计，让其发扬光大，让我们的历史文化、精神内涵得以保留，同时能促进经济的发展，促进乡村振兴。

### （一）双鱼古城的艺术价值与特色

双鱼古城作为明代抗倭古城，同时其所拥有的各个特色景点与建筑，使它具有别具一格的特点，抗倭景观特色、仿古建筑特色、人文特点、历史特点等，从而产生了不一样的价值。

海防古道、古榕树景点中榕树上挂着的牌子“榕树下议事”、古道边墙上张贴着有趣的方言词语，这些都可以成为乡村游“网红”打卡点。特色景点具有丰富的旅游价值和观赏价值。它们可以作为游客必经的经典打卡地，从而吸引游客进行拍照打卡及体验，由此带来经济效益。

双鱼城村委会是一座仿古建筑，充满了古朴气息。古铜色的塑像，展示了古人的勤劳。它具有一定的艺术价值和历史文化价值，其中古建筑与古雕塑的元素可以作为日后文创设计的相关创新点。

双鱼古城有为纪念抗倭将领张元勋而建造的张公祠，张元勋（1533—1590年），字世臣，浙江台州府太平县（今浙江温岭）人，明朝抗倭名将，曾主动请战，与倭寇六次交锋，获得全胜，沉敌舰300余艘后任署都督佥事，代行总兵官镇守广东。万历二年（1574年）冬，倭寇攻陷铜鼓石、双鱼城。张元勋率兵千里急行，赶至儒峒设伏，大败倭寇，擒杀800余人，以功授都督同知。其抗倭战绩卓越，抗倭英雄事迹广泛流传，广东百姓为纪念他的丰功伟绩，特建张公祠来祭拜。另外，在双鱼古城内还建有关帝庙、文昌庙、真宇庙、城隍庙、北帝庙、华光庙、五显庙等一系列庙宇，这些庙宇的存在也让双鱼古城提升了其内在的文化价值和旅游价值。

双鱼古城内有一座双鱼城海防文化展馆，墙上张贴着各种关于双鱼卫所的宣传资料。展馆里还摆放着仿真古代战鼓和各种兵器，让人想象起600多年前鼓声震天、将士勇猛杀敌的情景。同时，可以了解到很多古代海防情况。让后人深刻感受历史带给我们抗倭的喧嚣与沉重，这些博物馆内陈列的武器、器物等都是值得挖掘的历史元素，很多具有很高的艺术美感，从设计的角度讲都凝结了古人的智慧，具有很高的设计再用价值。

### （二）双鱼古城文化设计的创新思维分析

对双鱼古城进行艺术元素设计符号提取。其所拥有的古城墙、护城河、庙宇、石狗、石鼓、古井等相关设计元素，充满仿古建筑特色、人文特点、历史特点，可供人发思古之幽情。

#### 1. 提取元素之一：“千里眼”“顺风耳”与文昌阁锦旗

双鱼古城百姓为纪念抗倭将领张元勋，建了一座张公祠。张公祠旁边有一座华光庙，里面供奉着华光天皇及其两员副将千里眼和顺风耳。文昌阁里也挂满了许愿锦旗，善男信女们虔诚祈望文昌帝君保佑考上如意学府，文昌阁古迹下远远就望见一座八角塔楼，三层结构，其供奉的是文昌帝君，主管民间科场考试。墙上挂满了锦旗，上面清一色都是高考学生和家长的祈愿。其中，“千里眼”“顺风耳”“八角塔楼”等设计符号极具神话古韵，具备一定历史元素，可将其作为设计符号。

2. 提取元素之二：奇石与古井

在双鱼古城的街道上，有几块堪称鬼斧神工的奇石，它们分别是坐卧在东门的石鼓、西门的石鸡、南门的石狗和北门的石人。关于这些奇石还有一则美丽的传说。更神奇的是，石人还会“长高”，可能是地质运动原因，与几十年前的高度相比，石人每年都在增高。除了奇石，双鱼古城里有一口古井也充满着神奇色彩。双鱼古井造型独特，曾是双鱼古城的重要水源，传说是明朝刘伯温亲自勘点的。其“奇石”“古井”造型极具艺术性又充满历史性，可作为挖掘的设计符号。

3. 提取元素之三：仿真古船

双鱼古城村口有一村标志——仿真古船，桅杆上有两条大鱼，上书“双鱼城海防古道”。其象征着双鱼古城海防守御的历史，又彰显着双鱼古城蕴含着浓郁古代文化的村容村貌，其“仿真古船”可作为其中一个设计艺术元素符号。

4. 提取元素之四：抗倭英雄

将抗倭英雄与文创设计结合也是非常好的文创设计方向之一，结合双鱼古城的地域特点和历史，将抗倭名将张元勋的形象卡通化并进行设计符号提取，以此传颂英雄的经典事迹，铭记英雄形象，这种人偶形象的设计也是一种常用的设计艺术元素符号（见表5-5）。

**表 5-5 双鱼古城部分可提取的艺术元素分析**

| 族序 | 名称 | 形态特点 | 艺术元素归类 | 功能 |
|---|---|---|---|---|
| 其他文化艺术 | 千里眼、顺风耳雕塑 | 华光 | 雕塑艺术、图案艺术 | 宗教活动、祈福 |
| | 文昌阁锦旗 | 游客的祈福祝愿 | 图案艺术 | 祈愿、祈福 |
| | 奇石（石礅、石狗） | 石制、圆形，上面石鼓上有花纹，石狗形态似狗 | 自然艺术 | 风水、自然景观 |
| | 古井 | 石块砌成，造型独特 | 形态艺术 | 抗倭古城水源 |
| 抗倭器物文化艺术 | 仿真古船 | 桅杆上有两条大鱼，上书“双鱼城海防古道” | 形态艺术 | 海防、御敌 |

## （三）双鱼古城文创产品设计应用

1.“好运符咒”设计创新

结合“千里眼”“顺风耳”神话色彩的特点，提取两者突出元素“眼”与“耳”，赋予神话艺术特点，再结合文昌阁许愿锦旗——高考学生与家长的美好祈愿，将愿望提炼成“符咒”的形态，使两者相结合赋予考试吉祥，“眼观六路、耳听八方”“考场得意”的意味，加之国潮的设计风格，这对于大众来说是一个时尚好看又有很好寓意的图样（见图5-50~图5-51）。

图5-50　千里眼、顺风耳元素的设计符号提取

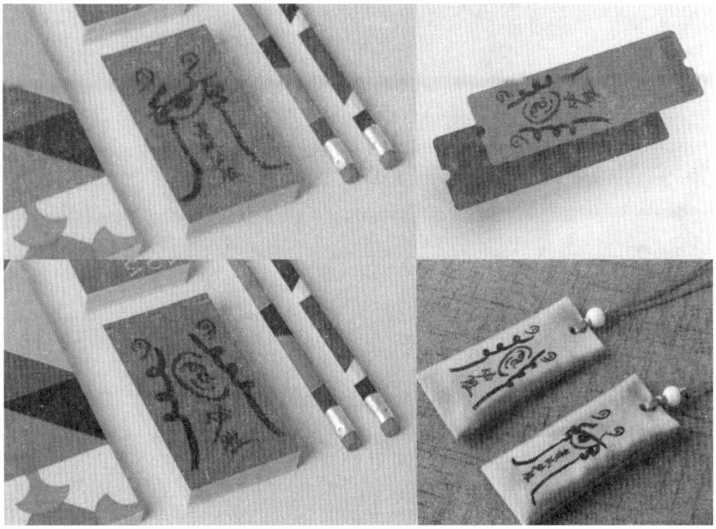

图5-51　设计应用

2.“艺术风石”设计创新

相传600多年前的某一晚，年轻的朱元璋经过上洋地区的郎官山时，被山贼追赶，靠近郎官山南麓的茅岭时，听到战鼓雷动，鸡鸣狗叫，将山贼吓跑了。于

是朱元璋走进一户人家，随后留宿一夜，早上起来发现自己竟睡在岩石板上，不见了老人一家，只见到三座石人，以及不远处的石鼓、石鸡和石狗。他认为此地是风水宝地。

根据奇形怪状的可爱石头，东门的石鼓、西门的石鸡、南门的石狗和北门的石人等，同时结合这些奇石美丽的传说，制作精美的艺术石头挂坠，赋予其美丽的神话色彩，同时抓住人们的眼球，感受艺术的风格（见图5-52~图5-53）。

图 5-52 古石、古井元素设计符号提取

图 5-53 设计应用——挂坠

3.“特色古船”设计创新

提取于双鱼古城村门前的村标志——仿真古船，作为双鱼古城的一种标志，象征着古城海防守御，是双鱼古城的一张有形明信片。将其设计于各种文创产品上，传播着双鱼古城的历史与文化，彰显着双鱼村的特色。

提取了两条船只，一条船只上面飘着红旗，代表着国家，代表着明代抗倭战士们的爱国情感，增添抗倭军人们迎战的身姿与形象，充分宣传抗倭战士们深厚的民族大义；另一条船只上面坐着渔民，代表着渔民安居乐业的美好愿景，代表着人与自然和谐相处共同发展的美好祝愿。

4.“抗倭英雄人偶形象”设计创新

首先，提取象征性代表元素，例如双鱼古城及双鱼古城的传说画卷中双鱼的形象、抗倭英雄张元勋形象、抗倭兵器等，通过简化或写实的方法表达。然后通过色彩设计来丰富IP形象，形成更具冲击力的视觉画面，并与文创产品进行融合设计（见图5-54~图5-55）。

图 5-54　双鱼古城建筑壁画中的双鱼形象

该IP人偶设计符号头戴双鱼的头盔，头盔的下方有两个月亮的形状，代表日月塘中的“月”，手握武器，身穿盔甲，盔甲的中心有个圆形代表日月塘的“日”，圆形的中间有个简化的鱼的标志，是从造古船桅杆上的两条大鱼提取而来的，一身正义凛然的样子，又不失呆萌可爱，更贴合当今社会时尚、现代的设计主旋律。

将抗倭文化IP人偶形象与文创产品相结合，传承抗倭文化的艺术价值。提炼抗倭文化元素，不仅可以使文创产品不仅停留在艺术的阶段，而且可以满足人们对文创产品的文化需求，产生经济效益的同时更具有社会效益。每一座建筑、每一处遗址都铭刻着一段历史的记忆，将其转化成为优秀的文创产品，意义非凡，文创产品也可把抗倭文化更好地展现给大众，并当作纪念品进行留存和礼物交流（见图5-56~图5-57）。

图 5-55　多种元素融合的 IP 人偶设计符号元素

图 5-56　双鱼古城抗倭 IP 人偶的设计应用

图 5-57　双鱼古城抗倭 IP 人偶的设计应用（书籍包装、便签胶带）

## 十二、泉州崇武古城（设计篇）

崇武古城位于福建省泉州市惠安县，为明洪武二十年（1387年）江夏侯周德兴为抵御倭寇所建，是明政府抗倭过程中修筑的60多座卫所城堡中至今仍保存完好的一座。

崇武古城依山海之势而建，造势宏伟，攻守兼备，有古城墙、窝铺、月城、城门楼、烟墩、中军台、演武场等建筑遗迹，以及保留有古城特色的道路系统，构成了古代完整的沿海军事战略防御体系，融防、守、住为一体，具有极强的军事防御功能，是迄今我国现存最完整的一座明代“丁”字形石筑古城。

近年来，崇武古城在政府的保护下依然保留了其古城的原生态风貌，没有进行太多商业化的改造，即便开发也尽量保留原有的古色古香，让古城富有最基本的历史韵味和古风气息，同时确立了“以文化旅游产业为主，兼顾临港和渔业、雕塑艺术产业”的定位，且正逐步推动乡村振兴战略实施。基于此，相较于其他抗倭遗址，崇武古城的宣传早已朝着文创方向靠拢，文创设计的历史与现实条件均已具备。但通过查阅资料可知，崇武古城的文创具有同质化、单一性等特点，将文创融入当地文化精神，创新文创衍生物品品类和设计，已是大势所趋。

### （一）崇武古城的艺术价值和特色

1. 探析文化内涵

（1）古城门

城内有四座城门，城门构造布局相似，每座城门各有两道城门，外加筑月城，上建城楼，城门上设烽火台，南城门则外加设一照墙，照墙前有一尊关公雕像。相传当年倭寇炮轰城池，城内关帝庙的关云长把青龙偃月刀一挥，炮弹被拨落在城墙旁，再一挥，炮弹射回贼船，于是船沉寇亡。虽然这只是传说，但这美妙的传说故事也可以梳理成一种故事典籍艺术，值得后人传颂。

古城的大门建筑采用中国传统建筑中应用较广的中轴线设计，代表着中华民族象天法地、以中为尊、中正和合、礼乐交融等特有的精神标识，带有节状的柱形体加以灵动化。可效仿北京中轴线文创市集，开设以崇武惠安文化、中轴线文化为主题的原创市集，例如将古城门中的特殊纹样融入中华传统邮票、丝巾、餐具中，以古色古韵为卖点，从而推广文创产品（见图5-58）。

**图 5-58 古城门**

（2）海潮庵

惠安崇武海潮庵，位于崇武古城水关门内，先有海潮庵，后有崇武城。海潮庵始建于宋代，因大海潮水时常涌到庵前而得名。几经兴废，曾经被征用为学堂，20世纪90年代末，学堂迁址，退还庵堂，遂重建至今，成为祭祀用地，深刻反映出福建地区复杂多元的宗教信仰观念。

其建筑檐角应用飞檐等中国传统建筑檐部形式，屋角的檐部向上翘起，增添建筑物向上的动感，营造出壮观的气势和中国古建筑特有的飞动轻快的韵味。针对于此，在文创设计中可以应用檐角飞鸟等造型，用有惠安特色的木雕进行钥匙扣挂件、木雕书签、便笺纸等小型艺术品制作，将传统的建筑遗迹艺术元素采用传统的木雕技艺进行文化的应用和再设计（见图5-59）。

图 5-59　海潮庵

（3）惠安石雕

崇武古城的自然景观和人文历史十分丰富，且具有浓郁的地方特色。巍峨雄浑的明代抗倭石城，风情独俏的惠女服饰，古朴豪放的民间风俗，神奇迷幻的碧海金沙，巧夺天工的石雕珍品……各种各样的艺术精品吸引着世界各地的朋友。

沿着崇武古城的海岸线参观，你会发现石雕艺术无处不在，沙滩上、树林间、古城下都遍布代表了中华文化精髓的人物故事和吉祥符号。惠安石雕具有鲜明的民族性和时代性特点，是南派石雕技艺的典型代表，被列入第一批国家级非物质文化遗产保护名录。在崇武古城墙南侧，有一座“中华石雕工艺博览园”，汇聚了众多精美的石雕雕塑。惠安石雕的品类有碑石加工、环境园林雕塑、建筑构件、工艺雕刻、实用器皿五大系列，其工艺主要有圆雕、浮雕、线雕、沉雕、影雕等（见图5-60）。

图 5-60　惠安石雕

（4）古城墙

崇武城墙是中国保存较完好的古代滨海石城城墙之一。崇武古城全部用白色花岗岩垒成，城墙设有两层跑马道。这些城墙、窝铺、门楼、墩台、捍寨和演武厅，构成一套完整的抵御外侵的战略防御工程体系。

该古城墙与我国抗倭经历息息相关，而抗倭这段历史在青少年中逐渐被淡忘，可将古城墙这一建筑群进行复刻，制作古城墙模型，并打造周边文创，例如将全貌分散成多个部分，开创益智拼图等产品，寓教于乐，在青少年中弘扬抗倭精神（见图5-61）。

图 5-61　古城墙

2. 解码传统元素

崇武古城作为明代少有的海防性质的抗倭建筑，其文化内涵囊括海陆两地。军事防御功能的古城墙、古城门的用材颇有讲究，惠女民俗的服饰、风俗特色独一无二，其中的惠安石雕更是南派石雕的代表，被列入第一批国家级非物质文化遗产保护名录。

我们以古城门、海潮庵、惠安石雕、古城墙为典例，将文化内涵融入文创设计，奇思异构，弘扬中华优秀传统文化，以文化设计带动崇武古城的文旅业发展（见表5-6）。

表 5-6　解码传统抗倭建筑及周边艺术元素

| 名称 | 形态特点 | 艺术元素归类 | 功能 |
| --- | --- | --- | --- |
| 古城门 | 中轴线设计，节状柱形体，白色花岗石 | 结构艺术 | 军事防御 |
| 海潮庵 | 飞檐等传统檐部形式，木料结构 | 结构、图案艺术 | 祭祀用地 |
| 惠安石雕 | 应用圆雕、浮雕、线雕、沉雕、影雕等各种石雕艺术，以神仙、神兽为主要形态，雕刻精美、形象生动 | 形态、图案艺术 | 建筑园林装饰、室外大型雕塑 |
| 古城墙 | 石筑，滨海石城城墙，含跑马道、瞭望台等 | 结构艺术 | 军事防御体系 |

## （二）崇武古城文化设计创新思维分析

将古城门、海潮庵、惠安石雕、古城墙四个建筑物进行了照片搜索、线稿提取、线稿上色、元素内涵解析等工作。将建筑原型用线稿的形式勾勒出来，对原建筑物的实物线条进行层次感的剖析，以线的深浅轻重、粗细虚实来分清画面的主次关系，达到化繁为简、突出重点的效果。再根据文化内涵、设计需求搭配颜色，突出文创产品的特点，并注重设计中色彩与人的情感传递。

1. 古城门设计符号提取

在设计中，古城门的线稿保留建筑的主体部分，舍弃两只大象石雕，让建筑的传统中轴线结构更为明显。配色设计以冷色调突出其威严宏伟的气势，这里以蓝灰色系为主。中轴线的布局意义与北京故宫相类似，学习参考故宫文创设计的风格，中轴线是中华文明的独特见证，也是中华文明“天人合一”观念的重要组成部分。针对这一底蕴，我们在进行文创设计的时候便融合了历史文化悠久的“丝绸文化”，淡蓝色系配上丝绸的柔软质地，再加上丝巾的实用性和日常性等特征，可让未来购买的用户同时拥有收藏价值和使用价值。

2. 海潮庵设计符号提取

“谛观之，飞檐列栋，丹垩粉黛，莫不具焉。”飞檐是中国传统建筑中屋顶造型的主要构造形式之一，中国传统建筑的屋顶造型是最有特点的。海潮庵的檐角坡面呈曲线型，整个檐角呈翘起形状。在设计中，勾勒的线稿有建筑的整体、飞檐和石狮三部分，飞檐的部分将原有的上扬弧度增大，彰显灵动性，加以水墨笔刷，制作成古风味的钥匙扣，将福建的江南古韵淋漓尽致地展现出来。建筑主体的线稿配色以红黄色系为主，亦是参照了故宫的“红墙黄瓦”色系象征庄严和富贵，也与佛教的宗祠用色相吻合。

另外根据调查，崇武古城的餐饮行业几乎以连锁品牌为主，本土品牌相对较少。所谓“民以食为天”，艺术与餐饮业结合也是文化创意设计的重要渠道之一。若是将崇武古城的元素融入餐饮行业，打造文创主题餐饮店，亦是一种宣传崇武文旅的方式。对此，我们在设计中集合崇武古城建筑艺术元素打造了餐具纸、牛皮打包袋等文创衍生品。

3. 惠安石雕设计符号提取

惠安石雕以往存在的宗旨主要是为宗教服务，为宫观寺庙的设计、雕刻居多，特别是寺院内的塔、亭、柱、栏等的纹饰雕刻都达到了出神入化的艺术境界，雕刻手法细腻，艺术形象栩栩如生。另外，宗教、神话中的人物、神兽雕刻形象也居多，每个形象都形神兼备，其艺术特征显著，富有赏心悦目的艺术效果，都是很好的文化设计艺术元素。

惠安石雕的艺术形象众多，不能一一进行设计的创作和研究，这里以惠安石雕中的一款石雕白猫为例进行设计符号的提取和应用，其憨态可掬，雕刻技术精美，我们将“白猫”用于徽章制作，满足低龄群体和新时代青年需要。

4. 古城墙设计符号提取

古城墙由城墙、窝铺、门楼、月城、墩台等建筑构成，建筑结构类型多样复杂，呈现多结构形式。根据多结构样式，可以将这一建筑群进行复刻，将建筑各个部分拆分，做出拼图文创，让购买者更为深刻地了解建筑群结构（见表5-7）。

表 5-7　崇武古城文创设计思路

| 建筑原型 | 线稿提取 | 线稿再设计 | 解析 |
| --- | --- | --- | --- |
|  | 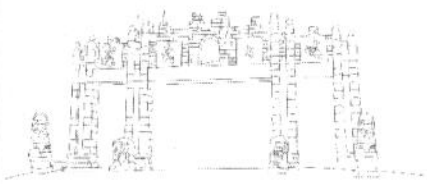 |  | 中轴线结构，城门花岗岩特色纹路分明，象征中正和合、礼乐交融 |
|  |  |  | 应用飞檐等中国传统建筑檐部形式，带有宗教特色 |
|  |  |  | 应用圆雕、浮雕、影雕、线雕和沉雕等各种石雕艺术，雕刻精美、形象生动 |
|  |  |  | 设有城墙、窝铺、门楼、月城、墩台等建筑，呈现“丁”字形、多结构形式 |

## （三）崇武古城文创设计应用

结合崇武古城的文化艺术元素提取，我们选取典型的一些建筑艺术，例如古城大门、庙宇建筑、石雕、古城墙等，通过设计符号的提取和演化设计，找取恰当的文创产品附着物进行融合，这里选取平面包装盒、手提袋、服装设计、餐饮用具设计等进行应用（见图5-62~图5-64）。

图 5-62　包装类设计应用

图 5-63　平面类设计应用（服装、丝巾、相框、书签、纸杯等）

图 5-63（续）　平面类设计应用（服装、丝巾、相框、书签、纸杯等）

图 5-64　餐饮类设计应用（餐盘、咖啡杯、餐具纸包装）

## 十三、莆田莆禧古城（设计篇）

莆禧古城位于福建莆田市忠门半岛南部山亭乡莆禧村，作为明代抗倭遗址，素有“凭海为堑、凿山为壕，一夫当关，万夫莫开”的军事之险要。古城作为抗倭遗址成为沿海地区一道独特景观，目前莆田市仅存莆禧古城一座，与惠安崇武古城、霞浦大京城堡同为福建省现存的明代三大抗倭古城。

### （一）莆禧古城的艺术价值和特色

目前，莆禧古城的古迹资源和文化尚未充分调动，古城文化与文创设计的融合很少，这也大大限制了古城的文旅业发展，至今古城知名度不是特别高，急需大力提升和推广拓展。在文化推广的过程中，一方面可以挖掘古城建筑及周边文化艺术元素进行融合，另一方面可以借力莆禧古城临海文化的丰厚底蕴，发挥临海节庆特点，并以莆禧“十九日”闹元宵活动为由头，让更多人关注莆禧古城，以此打开发展古城文化生态产业链的入口，不失为一种颇为有效的做法。

抗倭遗址保护与开发关键在于做好抗倭史迹的保护和展示、客源市场营销及与周边旅游资源的整合。海防卫所古村落是中国古村落特殊的组成部分，由明代军事基地逐渐民化形成。它独立于行政系统，有别于传统聚落，具有很强的防御性。其重要特色是依山面海，城墙高大、四面城门，城内有水濠、街巷、民居以及祠堂庙宇，既有民间传统古村落的内涵，也保存诞生之初的军事特性。明代海防所城多分布于沿海村落，倚山面海，地理位置易守难攻，是明代抗倭战争中的最前线。莆禧“十九日”城隍庙会活动已经延续数百年，以“爬刀梯下火海”等独特的闹元宵民俗活动纪念古城抗倭历史，体现了沿海人民性格粗犷、勇猛，敢于斗争的尚武精神，也体现了古城人民的大无畏精神。这种由抗倭延续并演变而来的文化活动都可以提取为文化设计的元素进行设计活化应用，而这种应用可以跳出传统的文创产品或者文创包装等设计形式，通过IP形象演化，与人偶设计、动画设计、视频影视等形式相结合，与数字新媒体技术融合应用更为恰当。另外，也可以借用一些其他的抽象元素进行设计，例如一些经典典籍、绘画、书法甚至是名称，都可以成为文化设计的提取元素，并加以放大和应用。

## （二）莆禧古城文化设计创新思维分析

通过调查和分析莆禧古城的建筑特点及周边形象，发现古城可以提取的艺术元素并不是很多，从古城的现有可见形象元素进行挖掘，对具有显著抗倭古城特点的古城门、古城墙、古树、戚继光雕像等进行艺术特征分析（见表5-8）。

**表 5-8　莆禧古城建筑及周边艺术元素分析**

| 族序 | 名称 | 形态特点 | 艺术元素归类 | 功能 | 图片样式 |
|---|---|---|---|---|---|
| 抗倭建筑艺术 | 莆禧古城门 | 石块堆砌而成，古堡形态呈圆弧形，门小而方 | 形态艺术 | 防御、战争 |  |
| | 古城墙 | 城墙高筑，方形，瞭望台远看呈锯齿状 | 形态艺术 | 防御、战争 |  |
| | 戚继光抗倭英雄人物 | 气势威严，手握宝剑，下有“还我河山”等大字 | 雕塑艺术 | 抗倭英雄瞻仰 |  |
| | 城墙古树 | 古榕参天，依墙而生，生命顽强 | 抽象艺术 | 顽强拼搏的意志象征 |  |

摒弃以往直接提取建筑艺术元素或者建筑周边人物、器物等艺术元素的设计思路，借助古城美丽的传说和“莆禧古城”四个字，从古城的名字中直接提取了“莆禧”二字，并进行艺术符号的设计。字体设计在当代的广告设计、包装设计等平面设计中扮演着非常重要的角色，它既可以传递语言信息，又可以传递商业化的文化信息，还具有直观易辨识的特点。另外，字体设计也是一种精神的浓缩，从抗倭古城遗迹中提取的文字设计更能体现它的历史价值和文化气息，使之成为文化思想表达与传播不可缺少的助推剂。

在字体符号的设计中，以大树形象作为设计的主方向，长在城墙上的大树，正是活力的象征，树杈化为利剑刺向倭寇，是城墙内的人们对和平生活的向往，对城外倭寇奋起抵御的精神和不怕死的牺牲精神。方形的门代表典型的城门，过梁式结构，是莆禧古城墙城门的象征，因此字体的设计以方正结构、连笔式设计体现城墙与城门紧密结合的形象。城墙中的瞭望台远看呈锯齿状，正是智慧的象征，增加城墙墙体的厚度，避免墙体被损伤，起到了抵御外敌的作用，凹进去的部分还可以放置进攻时用的武器，凸出来的部分还可以当掩体用来保护自己，所以我们提取了城墙的形状来做文字形象主体之一。由这三个元素组成大概的文化设计符号形态，通过文化的设计加强对民族文化的融入和渗透，以最基础简化的形状体现了我们所要表达的内容，浅显易懂，恰当地宣扬了民族的精神和文化（见图5-65）。

图 5-65 设计符号的提取

### （三）莆禧古城文化设计应用

根据“文字提取符号”的设计特点，选择与快餐盒、抱枕、手机壳、筷子等进行文创结合，形成具有一定文化价值的产品系列，并将之应用到当地的文旅周边行业发展中，拓展文旅业的层次，提升当地的文旅发展水平和古城的知名度（见图5-66）。

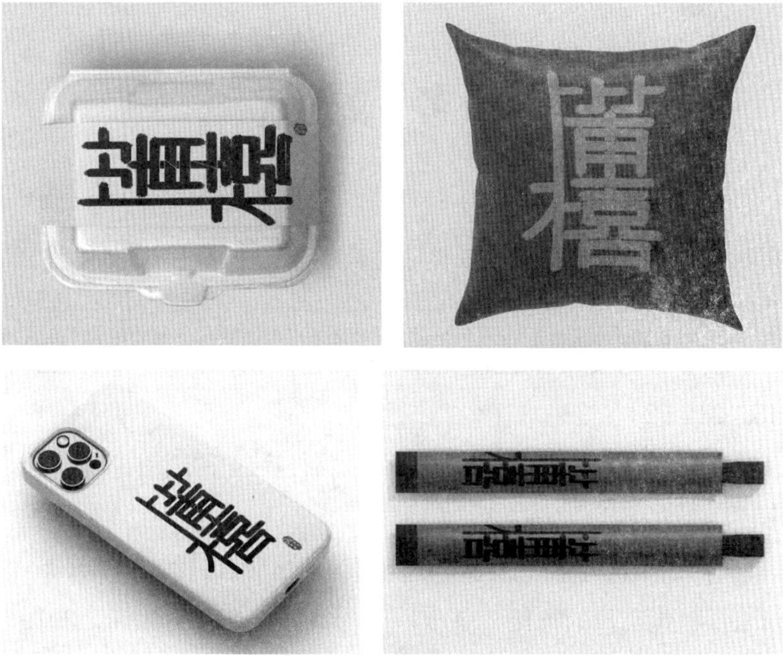

图 5-66　莆禧古城文化设计应用（快餐盒、抱枕、手机壳、筷子等设计）

# 参考文献


［1］赵军. 抗倭遗存中的文化艺术与设计应用研究［J］. 文化月刊，2023（2）：122-125.

［2］赵军. 基于古越文化传承的绍兴旅游工艺品设计研究［J］. 艺术科技，2015，28（12）：92-93.

［3］王卫东，赵军. 传统与地域文化在绍兴黄酒包装中的应用［J］. 包装工程，2010,31（6）：71-73.

［4］赵军. 产品创新设计［M］. 北京：电子工业出版社，2016：34-35.

［5］李玉昆. 明代泉州的抗倭斗争［J］.《闽台缘》文史集刊，2019（3）：19-28.

［6］易超.《倭变事略》研究［D］. 合肥：安徽大学，2016：8-11.

［7］刘学捷. 福清特色文化研究［D］. 武汉：华中师范大学，2012：15-16.

［8］刘学莘，宋魁彦. 庆阳窑洞住宅的美学探究［J］. 艺术探索，2009，23（2）：83，88，151.

［9］秦炜棋. 明代壮族狼兵抗倭克敌兵器及应用研究［J］. 军事体育学报，2016（3）：68-71.

［10］李少红. 基于设计符号学的文化器物再设计研究——以良渚陶器为例［D］. 杭州：浙江工业大学，2013：3-4.

［11］李郁葱. 漂流的唐诗之路［N］. 杭州日报 · 西湖副刊，2021-05-21.

［12］费黑，等. 萧山县志［M］. 杭州：浙江人民出版社，1987：65-68.

［13］谢荣乐. 地方政府在古村落保护与利用中的职能探索——以温州 × 村为例［D］. 杭州：浙江师范大学，2017：30-32.

［14］罗一南. 明代海防蒲壮所城军事聚落的整体性保护研究［D］. 杭州：浙江大学，2011：16-18.

［15］宋亚萍. 牌楼建筑历史文化研究［J］. 安徽农业科学，2011，39（27）：

17117-17119.

［16］郭建. 明清城墙研究——临海城墙的历史与构成特点分析［J］. 华中建筑，2013（8）:174-177.

［17］杨盛. 台州府城墙历史沿革及保护考略［J］. 文教资料，2022（14）:27-30.

［18］段希莹. 明代海防卫所型古村落保护与开发模型研究：以深圳大鹏村为例［D］. 西安：长安大学，2011：62-64.

［19］柯伟胜. 白石关——明抗倭遗址［N］. 今日黄岩，2013-12-25.

［20］尹泽凯，张玉坤，谭立峰. 中国古代城市规划“模数制”探析——以明代海防卫所聚落为例［J］. 城市规划学刊，2014（4）:111-117.

［21］郑心恬. 福州三坊七巷名人文化旅游资源开发的研究［D］. 福州：福建师范大学，2017：82-84.

［22］刘枫. 福州市寺庙园林研究［D］. 泉州：福建农林大学，2008：45-47.

［23］林志森，郑炜，胡捷昭，等. 论明代闽江口地区海防聚落的空间形态特征［J］. 福州大学学报（哲学社会科学版），2017（4）:12-16.

［24］李姿. 非物质文化遗产存在的自然地理环境分析——以惠安女聚居地为例［J］. 科技广场，2015（11）：251-256.

［25］林卉. 基于动态保护的惠安崇武片区景观风貌专项规划［D］. 泉州：福建农林大学，2016.

［26］张习孔. “封侯非我意，但愿海波平”——戚继光平定倭寇［J］. 文史知识，1982（1）：16-21.

［27］封越健. 学成文武，勋勒旌旗：明朝名将谭纶在蓟镇［J］. 文史知识，1989（6）：73-77.

［28］管宁. 文化创意：接续传统与现代［J］. 艺术百家，2014（1）：69-75，77.

［29］梁凌云. 符号学视域下的青花瓷民俗艺术文创产品设计研究［D］. 景德镇：景德镇陶瓷大学，2022：42-43.

［30］崔天剑. 当代工业设计思想与方法［M］. 南京：东南大学出版社，2014：12-14.

［31］瓮森. 浅析城市公共设施的地域性设计［J］. 美术大观，2009（7）：104-

105.
［32］徐彦波. 当代平面设计中的绘画性表达形式研究［D］. 金华：浙江师范大学，2009：42-44.
［33］张春晓. 文化赋能“旅游＋”助推旅游文创开发——青岛品牌文创设计实践［D］. 青岛：山东科技大学，2020：21-22.
［34］陈坤. 基于良渚器物形态语义的青瓷文创产品设计研究［D］. 景德镇：景德镇陶瓷大学，2021：12-13.
［35］王冉. 关于皮革服装设计的产品化流程设置的研究［D］. 大连：大连工业大学，2010.
［36］吴学军. 文化认同视野下农业高职学院文化建设策略［J］. 高等农业教育，2012（10）:75-77，90.
［37］朱杰勤，黄邦和. 中外关系史辞典［M］. 武汉：湖北人民出版社，1992.
［38］陈颖. 反其道而行——论逆向思维在招贴设计中的应用［D］. 长春：东北师范大学，2009.
［39］杨艳红，孙景荣，陈永贵. 浅析休闲家具中的仿生设计［J］. 西北林学院学报，2010，25（6）：168-171.
［40］田芸. 济南城市历史街区的保护与开发研究［D］. 济南：山东大学，2004.
［41］韩振刚. 文化线路视野下的京西古道传统村落文化保护［N］. 齐鲁晚报·齐鲁壹点·海报新闻，2019-05-21.
［42］汉式建筑|中国古城墙大全，最后一座堪称“人类奇迹”［EB/OL］. https：//rmh.pdnews.cn/Pc/ArtInfoApi/article?id=7097217.
［43］刘洋，门梦菲，田蜜，等. 文创产品的创新设计方法研究［J］. 包装工程，2020，41（14）：288-294.
［44］马岸奇. 中国古建筑中的雕刻艺术［J］. 砖瓦，2017（8）：12-16.
［45］杨和平. 民间礼俗的音声表达——以蒲城丧葬仪式音乐活态现状调查为例［J］. 星海音乐学院学报，2012（1）：130-136.
［46］邓志新，吴升橙. 旅游警务：崇武古城新管家［N］.中国边防警察报，2016-01-09.
［47］巩叶，邹元昊. 浅析崇武古城城墙的基本要素与保护利用［J］. 中外建

筑，2019（8）：22-25.

[48] 刘沧，翁鸣鸣，吴鑫晶. 崇武古城闽南文化旅游资源开发研究 [J]. 现代农业研究，2020（5）：127-130.